Testbuch
DEUTSCH
3.–4. Klasse

Illustrationen

S. 53 zweiband.media, Berlin / freepik / flaticon

Bildquellen

Stift S K Chavan/Shutterstock.com – **S. 7** Tatiana53/Shutterstock.com – **S. 55** mypokcik/Shutterstock.com – **S. 70** Oleksandr Lytvynenko/Shutterstock.com; Dionisvera/Shutterstock.com; TobyG/Shutterstock.com; gagigugego/Shutterstock.com – **S. 103** Africa Studio/Shutterstock.com – **S. 109** ESB Professional/Shutterstock.com; Kasefoto/Shutterstock.com – **S. 70** AmyLv/Shutterstock.com – **S. 111** Pealiku/Shutterstock.com – **S. 118** Pavel Ilyukhin/Shutterstock.com

www.schuelerhilfe.de

Herausgeber: ZGS Bildungs-GmbH, Gelsenkirchen

Redaktionsleitung: ZGS Bildungs-GmbH, Gelsenkirchen

Layout: Maria Mandelkow, zweiband.media, Berlin

technische Umsetzung: zweiband.media, Berlin

Lektorat/Korrektorat: ZGS Bildungs-GmbH, Gelsenkirchen

Umschlaggestaltung: Trapps Team für Kommunikation GmbH, Hamburg

Umschlagabbildung: ZGS Bildungs-GmbH, Gelsenkirchen

Liebe Schülerin, lieber Schüler!

„Übung macht den Meister."

Du kennst dieses Sprichwort. Beim ersten Mal Lesen sagst du „ja, das stimmt".

Doch dann kommen dir Zweifel: Üben kostet doch Zeit, ist anstrengend, und eigentlich weiß ich doch Besseres mit meiner Zeit anzufangen. Ja, auch das mag stimmen. Doch mit einem kleinen Trick kann das Üben sogar Spaß machen. Der Trick besteht erstens darin, in kleinen Portionen zu üben, und zweitens, dieses regelmäßig zu tun.

In dem vorliegenden Testbuch haben deine Trainer diesen Trick eingebaut: Du findest pro Seite eine kleine Lernportion, die du bearbeitest – sehr überschaubar und frei nach dem Motto „In der Kürze liegt die Würze".

Für die richtigen Lösungswege kannst du dir Musteraufgaben auch online ansehen.

Suche dir einfach die für dich passendste Lernalternative aus – eine wirklich innovative Art des Lernens! Dabei sind die Tests überschaubar, vermitteln dir die Lerninhalte sehr anschaulich und motivieren dich zum Lernen.

Der wichtigste Vorteil ist, dass ein solches Lernen wenig Zeit beansprucht. Das Schülerhilfe-Testbuch eignet sich also ideal, mehrmals wöchentlich eine kleine Übungseinheit einzubauen. Du wirst sehen: Damit kommt Langeweile gar nicht erst auf, und du schaffst es ganz leicht mäßig, aber regelmäßig zu üben!

Wenn du zum Beispiel täglich nach den Hausaufgaben noch eine Seite aus dem Testbuch bearbeitest, ist das das ideale Zusatztraining, um deine Noten langfristig zu verbessern. Wichtig ist, dass du dich nicht überforderst! Ein Üben mit dem Testbuch nach dem Motto „mäßig, aber regelmäßig" frisst keine wertvolle Freizeit, und die Anstrengung hält sich auch in Grenzen. Denn Lernen soll schließlich Spaß machen!

Viel Spaß und Erfolg bei deinen Trainingseinheiten!

Prof. Dr. Ludwig Haag
Lehrstuhl für Schulpädagogik
Kulturwissenschaftliche Fakultät der Universität Bayreuth
Mitglied des Pädagogischen Beirats der Schülerhilfe Deutschland

QUALITÄTSZERTIFIKAT
DER UNIVERSITÄT BAYREUTH
DIE IDEALE LERN-KOMBINATION

PÄDAGOGISCH SINNVOLL
EMPFOHLEN VOM LEHRSTUHL
FÜR SCHULPÄDAGOGIK

Dr. L. Haag

Zur Arbeit mit diesem Buch

Dieses Testbuch ist die ideale **Übungsergänzung** zur **Lernhilfe** „Gute Noten mit der Schülerhilfe" Deutsch Klasse 3/4. Sie bietet dir über **250 Tests** im Buch & online zu genau deinen Deutsch-Themen, die du gerade im Unterricht behandelst: hiermit kannst du dein Wissen festigen und dieses in zusätzlichen Übungen trainieren.

Dieses Übungsbuch ist eine Kombination aus Buch- und digitalen Lerninhalten, das ideal auf deine Schulinhalte abgestimmt ist.

Es bietet dir zusätzlich zur Lernhilfe:
- thematisch aufgebaute **Tests in 3 Schwierigkeitsstufen**
  Zeichenerklärung: ■□□ = leicht, ■■□ = mittel, ■■■ = schwierig
- alle **Lösungen** zu allen Testaufgaben hinten im Anhang
- einen themenübergreifenden **Abschlusstest** am Ende des Buches
- viele **Musteraufgaben** online mit Erklärung des richtigen Lösungsweges

So arbeitest du am besten mit diesem Testbuch:

1. SCHRITT Beginne mit Test 1 des Testbuches und probiere alle Aufgaben selbstständig zu lösen.

2. SCHRITT Nachdem du den Test vollständig bearbeitet hast, bewerte nach den Lösungen im Anhang, wie viele Aufgaben du richtig gelöst hast und vergebe hierfür Punkte, die du in die Punktekästen auf jedem Testblatt eintragen kannst.

3. SCHRITT Hast du 80 % der Punkte eines Tests erreicht (Die genaue Anzahl der Punkte ist immer ganz unten auf jeder Testseite angegeben.), gehe weiter zum nächsten Test. Bei weniger erreichten Punkten wiederhole den Test noch einmal.

4. SCHRITT Bei Problemen mit den Aufgaben stehen dir zahlreiche Musteraufgaben zu vielen Aufgabentypen im Online-LernCenter zur Verfügung, die dir exemplarisch den richtigen Lösungsweg noch einmal erklären.

Wenn du alle Tests im Buch zu deinem Thema gelöst hast, findest du weitere **Übungsaufgaben, Lernvideos und Erklärungen** in digitaler Form im Online-Lerncenter der Schülerhilfe. Der **QR- und der Webcode** auf jeder Testseite führen dich direkt auf die richtige Seite im Online-Lerncenter.

Du hast hier 2 Möglichkeiten, so funktioniert es:

1. **Scanne den QR-Code,** den du auf deiner Testseite unten findest. Du wirst dann direkt zu deinem Thema in das Online-Lerncenter geleitet. Hier kannst du dann zusätzliche Aufgabenblätter zum Üben herunterladen, dir Lernvideos ansehen oder Erklärungen zum Thema nachlesen.

2. Gehe auf die Seite **www.schuelerhilfe.de/gute-noten** und gib dann den **4-stelligen Webcode,** den du unten auf deiner Testseite findest, in das vorgesehene Eingabefeld ein. Du wirst dann im Online-Lerncenter direkt zu deinem Thema weitergeleitet.

oder:
www.schuelerhilfe.de
/gute-noten
CODE 2182

Inhaltsverzeichnis

Rechtschreibung und Zeichensetzung

Test 1 Groß- und Kleinschreibung

Schwierigkeits-grad

A1 Kreuze alle Wortarten an, die normalerweise kleingeschrieben werden. | 9

a) ☐ Verben *(Tun-Wörter)*

b) ☐ Nomen *(Hauptwörter)*

c) ☐ Adjektive *(Wie-Wörter)*

d) ☐ Pronomen *(Fürwörter)*

e) ☐ Adverbien *(Umstandswörter)*

f) ☐ Konjunktionen *(Bindewörter)*

g) ☐ Artikel *(Begleiter)*

h) ☐ Präpositionen

i) ☐ Zahlwörter

A2 Welcher Satz ist richtig? Kreuze an. | 2

a) ☐ ich treffe morgen abend meine freunde im kino.

☐ Ich treffe morgen Abend meine Freunde im Kino.

☐ Ich treffe morgen abend meine Freunde im Kino.

☐ Ich treffe morgen abend meine freunde im Kino

b) ☐ Am Liebsten gehe ich Sonntags ins Schwimmbad.

☐ Am liebsten gehe ich Sonntags ins Schwimmbad.

☐ Am Liebsten gehe ich sonntags ins Schwimmbad.

☐ Am liebsten gehe ich sonntags ins Schwimmbad.

A3 Setze den jeweils passenden Buchstaben in die Lücken ein. Achte dabei auf die Groß-und Kleinschreibung. Tipp: Die Sätze sind alle zum Thema „Frühling". | 4

a) g · l · F · d · w · B   ....m ....rühling ....erden ....ie ....lätter ....rün.

b) P · a · z · f · s · D   ....ie ....flanzen ....angen ....n ....u ....prießen.

c) V · v · w · g · m · M   ....orgens ....ird ....an ....on ....ogelgezwitscher ....eweckt.

d) D · a · v · r · w · w · T · e · k   ....ie ....emperaturen ....erden ....ärmer, ...ber ....s ....ann ....iel ....egnen.

oder:
www.schuelerhilfe.de
/gute-noten
CODE 2182

bearbeitet am _____   zu erreichende Punktzahl: 15   erreichte Punktzahl des Schülers _____

➥ Ab 12 erreichten Punkten kannst du zum nächsten Test übergehen.

Test **2** Groß- und Kleinschreibung

Schwierigkeits-
grad

A1 **Welcher Satz ist richtig? Kreuze an.** | 2 |

a) ☐ Ich habe Ihnen einen brief geschrieben.

☐ ich habe ihnen einen brief geschrieben.

☐ Ich habe Ihnen einen Brief geschrieben.

☐ Ich habe ihnen einen Brief geschrieben.

b) ☐ Am Sonntagmorgen trifft er Seine Großeltern in der Stadt.

☐ Am Sonntagmorgen trifft er seine Großeltern in der Stadt.

☐ Am sonntagmorgen trifft er Seine Großeltern in der Stadt.

☐ Am sonntagmorgen trifft er seine Großeltern in der Stadt.

A3 **Setze in die Lücken die passenden Buchstaben ein.** | 4 |
Achte dabei auf die Groß- und Kleinschreibung.

a) __m __ommer __pielen __ie __inder __usgelassen __m __reibad.

b) __ie __onne __cheint __ft __nd __iel. __as __acht __ir __ute __aune.

c) __s __ind __iele __enschen __raußen __nterwegs __nd __esuchen __ie __isdiele.

d) __m __chönsten __ind __ie __angen __ommerferien.

A4 **Schreibe den Satz mit der richtigen Groß- und Kleinschreibung auf.** | 1 |

MEIN LIEBLINGSBUCH LESE ICH AM LIEBSTEN IN DER HÄNGEMATTE.

....

....

oder:
www.schuelerhilfe.de
/gute-noten
CODE 2182

bearbeitet am | zu erreichende Punktzahl: 7 | erreichte Punktzahl des Schülers |

➡ Ab **6** erreichten Punkten kannst du zum nächsten Test übergehen.

Test **3**   Groß- und Kleinschreibung

Schwierigkeits-
grad

A1   **Setze in die Lücken die passenden Buchstaben ein. Achte dabei auf die Groß- und Kleinschreibung. Tipp: Die Sätze gehören zum Thema „Herbst".**

4

a) _____m _____erbst _____erfärben _____ich _____ie _____lätter _____unt _____nd _____allen _____on _____en _____äumen.

b) _____as _____etter _____ird _____chlechter, _____s _____ibt _____iel _____ind _____nd _____egen. _____anchmal _____ogar _____erbststürme.

c) _____ie _____iere _____ereiten _____ich _____uf _____en _____inter _____or, _____ie _____ammeln _____um _____eispiel _____utter.

d) _____m _____iebsten _____aufe _____ch _____m _____erbst _____urch _____en _____ald _____nd _____rinke _____nschließend _____ine _____asse _____eiße _____chokolade.

A2   **Streiche die falschen Wörter durch.**

8

a) (Das Sprechen / Das sprechen) lernt man als (Kleines / kleines) Kind.

b) (Zum Mittagessen / Zum mittagessen) gibt es (Heute / heute) Nudeln mit Tomatensoße.

c) Der (Kleine / kleine) Mann mag die (Große / große) Welt.

d) Der (Kleine/kleine) schläft schon seit (Zwei / zwei) Stunden.

A3   **Schreibe den Satz vollständig mit der richtigen Groß- und Kleinschreibung auf.**

1

DIE SONNE SCHEINT HEUTE BESONDERS SCHÖN.

_____

oder:
www.schuelerhilfe.de
/gute-noten
CODE   2182

bearbeitet am _____   zu erreichende Punktzahl: 13   erreichte Punktzahl des Schülers _____

➤ Ab **10** erreichten Punkten kannst du zum nächsten Test übergehen.

LE 1: Rechtschreibung und Zeichensetzung

Test **4** — Groß- und Kleinschreibung

Schwierigkeits-grad

A1 Kreuze alle Wörter an, die großgeschrieben werden. `6`

a) ☐ SANDRA   e) ☐ TREIBSAND   i) ☐ ICH

b) ☐ SICHERLICH   f) ☐ SANDIG   j) ☐ JA

c) ☐ FLOß   g) ☐ SCHLAF   k) ☐ SCHAF

d) ☐ GEMEIN   h) ☐ DAS   l) ☐ LIEBE

A2 Kreuze alle Wörter an, die kleingeschrieben werden. `9`

a) ☐ KARTE   g) ☐ KRANK   m) ☐ SPAßIG

b) ☐ SCHLAFEN   h) ☐ WINTER   n) ☐ KLEIN

c) ☐ REDEN   i) ☐ LUSTIG   o) ☐ GRÖßE

d) ☐ DIÄT   j) ☐ SCHULE   p) ☐ FUCHS

e) ☐ MUT   k) ☐ RIESENRAD   q) ☐ MÜDE

f) ☐ MUTIG   l) ☐ REISE   r) ☐ SO

A3 Beantworte die folgenden Fragen, indem du die richtige Lösung ankreuzt. `6`

a) Nomen und Eigennamen schreibt man immer groß. ☐ wahr ☐ falsch

b) Verben werden großgeschrieben. ☐ wahr ☐ falsch

c) Satzanfänge werden kleingeschrieben. ☐ wahr ☐ falsch

d) Adjektive werden kleingeschrieben. ☐ wahr ☐ falsch

e) Wörter mit der Endung -schaft werden großgeschrieben. ☐ wahr ☐ falsch

f) Präpositionen (AUF, ZWISCHEN, UNTER) werden großgeschrieben. ☐ wahr ☐ falsch

oder:
www.schuelerhilfe.de
/gute-noten
CODE 2182

bearbeitet am _____   zu erreichende Punktzahl: 21   erreichte Punktzahl des Schülers _____

➡ Ab **17** erreichten Punkten kannst du zum nächsten Test übergehen.

Test 5   Groß- und Kleinschreibung

Schwierigkeits-
grad

A1 Huch? Hier ist etwas falsch gelaufen! Bei manchen Wörtern ist die
Groß- und Kleinschreibung falsch. Kreuze alle Wörter an, die fehlerhaft sind.

| 10 |

a) ☐ Alleine

b) ☐ Riesengroß

c) ☐ wichtig

d) ☐ Schlamassel

e) ☐ Traurig

f) ☐ Mirja

g) ☐ deutsch

h) ☐ Niedersachsen

i) ☐ Winterlich

j) ☐ krankheit

k) ☐ größe

l) ☐ zwerg

m) ☐ Land

n) ☐ Wanderung

o) ☐ Wunderlich

p) ☐ Deutschland

q) ☐ internet

r) ☐ Für

A2 Beantworte die folgenden Fragen, indem du richtige Lösung ankreuzt.

| 2 |

a) Fremdwörter (z. B. COMPUTER, JEANS, CHATTEN) werden immer großgeschrieben.

   ☐ wahr   ☐ falsch

b) Wörter, die einen Begleiter (der, die, das) haben, werden in der Regel kleingeschrieben.

   ☐ wahr   ☐ falsch

A3 Lies den folgenden Lückentext und trage die Wörter in richtiger
Groß- bzw. Kleinschreibung ein.

| 9 |

Ich freue mich auf jeden _____ (SAMSTAG), denn ich habe keine

_____ (SCHULE) und meistens _____ (FINDET)

ein Volleyballturnier statt, bei dem ich teilnehme. _____ (MEIN) Vater bringt mich immer

zu dem Spielort. Mein _____ (TEAM) ist immer _____ (HOCHMOTIVIERT).

Ab und zu verlieren wir, aber wenn wir alle unser _____ (BESTES) geben, dann

gewinnen wir. Mein Vater schaut vom _____ (SPIELRAND) zu oder

sitzt auf der Tribüne. Nach der Partie gehen wir immer _____ (EIS ESSEN).

bearbeitet am _____   zu erreichende Punktzahl: 21   erreichte Punktzahl des Schülers _____

► Ab **17** erreichten Punkten kannst du zum nächsten Test übergehen.

Test **6** — Groß- und Kleinschreibung

Schwierigkeits-
grad

A1 **Hoppla! Es gibt kann doch nur eine Wahrheit geben!**
Lies die folgenden Sätze und kreuze den Richtigen an.

5

a) ☐ Der Detektiv konnte den Fall nicht lösen und tappte im Dunkeln.
☐ Der Detektiv konnte den Fall nicht lösen und tappte im dunkeln.

b) ☐ Jeden Fünften im Monat findet ein Karaokeabend statt.
☐ Jeden fünften im Monat findet ein Karaokeabend statt.

c) ☐ Alle seine Freunde wünschten ihm alles gute.
☐ Alle seine Freunde wünschten ihm alles Gute.

d) ☐ Jeden Sommer machen ihre Familie und Mirja Urlaub auf einer der Ostfriesischen Inseln.
☐ Jeden Sommer machen ihre Familie und Mirja Urlaub auf einer der ostfriesischen Inseln.

e) ☐ Wenn meine Mama kocht, schmeckt mir jedes essen.
☐ Wenn meine Mama kocht, schmeckt mir jedes Essen.

A2 **Alle Wörter wurden kleingeschrieben! Kreuze alle Wörter an,**
die großgeschrieben werden müssen.

9

a) ☐ wanderung
b) ☐ leise
c) ☐ müdigkeit
d) ☐ zeitzone
e) ☐ kleinigkeit

f) ☐ still
g) ☐ winzig
h) ☐ ost-Europa
i) ☐ langweilig
j) ☐ geschrieben

k) ☐ altar
l) ☐ bunt
m) ☐ mund
n) ☐ schön
o) ☐ ring

p) ☐ traurig
q) ☐ hilfe
r) ☐ zwischen

A3 **Diese Wörter ähneln sich sehr, doch nur eines wird großgeschrieben.**
Welches? Notiere die richtige Lösung.

8

a) DIENSTAGS · DIENSTAG ....

b) MITTAG · MITTAGS ....

c) SCHLAF · SCHARF ....

d) WICHTIG · WICHTIGKEIT ....

e) FANTASIE · FANTASTISCH ....

f) REISE · REISEN ....

g) KATASTROPHAL · KATASTROPHE ....

h) WOLKEN · BEWÖLKT ....

oder:
www.schuelerhilfe.de
/gute-noten
CODE 2182

bearbeitet am   zu erreichende Punktzahl: 22   erreichte Punktzahl des Schülers

➡ Ab **18** erreichten Punkten kannst du zum nächsten Test übergehen.

Test **7**   S-Laute – s, ss, ß

Schwierigkeits-
grad

A1   **Entscheide, ob die Worte mit doppeltem -s oder einfachem -s geschrieben werden.**

75

1) ....agen
2) Se....el
3) ....age
4) Ro....
5) Schü....el
6) Gla....
7) Ki....en
8) Po....ter
9) Ga....
10) Dur....t
11) knu....prig
12) Kap....el
13) Brem....e
14) e....t
15) Atla....
16) Flu....
17) Bu....
18) Ro....e
19) mei....ten....
20) Dro....el
21) fre....en
22) fa....en
23) pa....en
24) Ni....che
25) wi....en
26) Wa....er
27) Schu....

28) Verhältni....
29) la....en
30) pra....en
31) Pau....e
32) Ei....
33) Ha....
34) phy....isch
35) explo....iv
36) sprich....t
37) zi....chen
38) pompö....
39) quäl....t
40) schön....te
41) bö....e
42) renn....t
43) Ohrmu....chel
44) übel....te
45) Lo....
46) flo....
47) Po....t
48) tu....t
49) lö....lich
50) nervö....
51) Ka....e
52) Mo....
53) A....t
54) Kä....e

55) Ö....e
56) üb....t
57) Kek....
58) Dü....e
59) Va....e
60) Pul....
61) Fel....
62) Ku....
63) Erlö....
64) bla....en
65) pu....ten
66) P....yche
67) porö....
68) Kla....e
69) Ko....t
70) Rap....öl
71) Wä....che....tänder
72) Pla....tik
73) A....che
74) Hal....
75) Erlaubni....

oder:
www.schuelerhilfe.de
/gute-noten
CODE   6911

bearbeitet am   zu erreichende Punktzahl: 75   erreichte Punktzahl des Schülers

➡ Ab **60** erreichten Punkten kannst du zum nächsten Test übergehen.

LE 1: Rechtschreibung und Zeichensetzung

Test 8 — S-Laute – s, ss, ß

Schwierigkeits-
grad

A1 Fülle in die Lücken entweder -s, -ss oder -ß. Entscheide, was richtig ist. 104

Wir gingen über ____tra____en und Wege. Ich dachte nicht daran, da____ es schon so spät war. Also zogen wir durch die Ga____en und geno____en die ____ommernacht. Es war nahezu hei____ und wir schwitzten mächtig. Entlang unser Stra____e bogen recht____ und link____ vermummte Men____chen in Go____en ab. Wir wunderten un____: Nirgend____ war eine leuchtende Stra____enlaterne zu ____ehen. „Du bleib____t doch hier bei un____, oder?", fragte mich ____a____cha. „____elb____tver____tändlich", entgegnete ich. Al____o zogen wir weiter durch da____ ____tumme Örtchen. „Wa____ alle andern wohl ____o machen?", dachte ich.

Die Po____t hatte immer noch geöffnet, soda____ wir dem ____chall der Töne, die auf die Stra____e flogen folgten. Al____ wir bei der Po____t ankamen, ____tand dort ein Mann mit einem Me____er in der Hand. Die____er holte gerade zum ____chlag aus und eine Frau, die an der Ka____e ____tand, ____chrie. Meine Fü____e fingen an zu zittern. Ich wurde nervö____ und äng____tlich. Plötzlich begann e____ zu regnen. E____ go____ förmlich wie aus Gie____kannen. Petra scherzte au____ Verun____icherung: „Wie gut, dann mu____ ich jetzt wenig____ten____ mei-ne Sträu____e nicht gie____en." Trotzdem hellte die ____timmung nicht auf. Allerding____ fuhr sie fort: „Ach Gott, ich habe meine Ki____en drau____en verge____en. Jetzt werden sie na____.“ Gustav entgegnete ____auer: „Kann____t du nicht einfach deinen Rü____el halten?!". Es wur-de ____till. Ich fragte mich, ob ich denn meinen Schlü____el mithätte, soda____ ich, wenn ich nach Hau____e komme, auch die Tür offen schlie____en kann. „Ansonsten", dachte ich mir, „könnte ich ja die fri____ch gekauften Erdnü____e e____en und vor der Tür ____chlafen. Oder, ich baue mir ein Flo____ und rei____e fort." Nachdem der ____chauer vorüber war, kehrten wir noch bei Gustav auf zwei Ta____en Tee ein und a____en leckere Kek____e. Er gab auch ____einem Hund etwa____ zu fre____en. Vor Freude gab dieser Petra einen Ku____, wa____ sie nicht gerade erfreute. „Hunde begrü____en nun mal so ihre Gä____te", ____agte Gustav, „deine Lippen werden schon nicht ein-rei____en. Der Genu____ eine____ Hundeku____es ist doch toll." Wir grin____ten alle ____amt. Nach dem E____en öffnete Gustav noch ein Fa____ Wein und wir geno____en den re____tlichen Abend ohne, da____ jemand vom Hund gebi____en wurde. Petra ____agte ____päter, ____ie hätte vierunddrei____ig Grad geme____en. Wa____ ein hei____er Abend.

oder:
www.schuelerhilfe.de
/gute-noten
CODE 6911

bearbeitet am   zu erreichende Punktzahl: 104   erreichte Punktzahl des Schülers

➡ Ab **83** erreichten Punkten kannst du zum nächsten Test übergehen.

Test 9 **S-Laute – s, ss, ß**

Schwierigkeits-
grad

A1 **Ergänze die folgenden Regeln.** 6

a) Bei gesummtem „s" wird immer ein _____ geschrieben.

b) Nach einem kurzen Vokal steht meistens _____ .

c) Nach einem langen Vokal steht _____ .

d) Bei einem Doppelvokal schreibt man anschließend _____ .

e) Folgt nach einer -s/-ß/-ss Variante ein Konsonant, schreibt man _____ .

f) Im Plural stehen Kurzwörtern oder Silbenwörtern meist mit _____ .

A2 **Finde zu den Regeln aus Aufgabe 1 jeweils drei Beispiele.** 18

	Beispiel 1	Beispiel 2	Beispiel 3
Regel 1			
Regel 2			
Regel 3			
Regel 4			
Regel 5			
Regel 6			

A3 **Vervollständige die Sätze, indem du entweder -s/-ss oder -ß einsetzt.** 15

a) Der Ha_____e liegt im Klee.

b) Die Stra_____e ist breit.

c) Die Ga_____en sind schmal.

d) „Vielen Dank für den schönen Strau_____!"

e) „Ah! Da ist eine Mau_____!"

f) „Sieben Fä_____er Wein brauchen wir zur Hochzeit."

g) In der Küche liegen in der rechten Schublade vier scharfe Me_____er.

h) Eine Flei_____aufgabe ist Arbeit, aber lohnenswert.

i) Der Sieger bekommt einen Prei_____.

j) Ich la_____e mich gern frisieren.

k) Die Kla_____e arbeitet ruhig.

l) Auf der Terra_____e stehen viele schöne Blumen.

m) Mein Sitzki_____en ist na_____.

n) Ich a_____ Fleisch zum Abendbrot.

o) Das Gla_____ ist halb voll.

oder:
www.schuelerhilfe.de
/gute-noten
CODE 6911

bearbeitet am _____   zu erreichende Punktzahl: 39   erreichte Punktzahl des Schülers _____

➡ Ab **31** erreichten Punkten kannst du zum nächsten Test übergehen.

Test 10 S-Laute – s, ss, ß

Schwierigkeits-grad

A1 Bei den folgenden Wörtern fehlen die s-Laute.
Setze die richtige Lösung ein („s", „ss" oder „ß").

9

a) E_____en

b) be_____er

c) Er a_____

d) Na_____e

e) na_____

f) Rie_____e

g) _____eite

h) Flei_____

i) Fu_____

A2 Huch? Hier haben sich Fehler eingeschlichen.
Finde alle falsch geschriebenen Wörter und kreuze sie an.

6

a) ☐ MAS

b) ☐ MASSE

c) ☐ KLOS

d) ☐ BLOß

e) ☐ RASSEL

f) ☐ NAS

g) ☐ LASSEN

h) ☐ PRAßELN

i) ☐ KAßE

j) ☐ KÄßE

k) ☐ KRESSE

l) ☐ HASSEN

A3 Lies die folgenden Sätze und entscheide dich für den richtigen s-Laut.

22

a) Morgens sollte ich be_____er zur Schule gehen.

b) Patrick hat mir ge_____tern einfach den Ball weggenommen.

c) Am mei_____ten Spa_____ macht mir der Deutschunterricht.

d) Meine Familie und ich e_____en jeden Abend gemeinsam.

e) Ich freue mich auf die Kla_____enfahrt im _____ommer.

f) Schulschlu_____ ist bei uns immer um 13 Uhr.

g) Was gibt e_____ Schöneres, al_____ im Wa_____er zu plantschen?

h) Meiner Mama ist gestern beim Kochen die Schü_____el runtergefallen.

i) Die _____uppe war _____uper lecker und hat mich _____att gemacht!

j) Der Rü_____el des Elefanten war rie_____engro_____!

k) Freitagnachmittags mu_____ ich mich um den _____tall kümmern.

l) Mit Me_____ern spielt man nicht, das wei_____ doch jedes Kind!

m) Ich intere_____iere mich sehr für das Weltall.

oder:
www.schuelerhilfe.de
/gute-noten
CODE 6911

bearbeitet am _____   zu erreichende Punktzahl: 37   erreichte Punktzahl des Schülers _____

➡ Ab 30 erreichten Punkten kannst du zum nächsten Test übergehen.

Test **11**   S-Laute – s, ss, ß

Schwierigkeits-grad

A1 **Lies den folgenden Text und entscheide dich für den richtigen s-Laut.**   16

Gestern hatte ich Geburt_____tag und alle meine Freunde waren da. Meine be_____ten Freunde

waren auch alle dabei. Wir haben sehr viel Spa_____ gehabt. Wir haben Rei_____e-nach-Jerusalem

gespielt. Dabei wird Mu_____ik gespielt und alle laufen um einen Stuhlkrei_____ und wenn die Mu-

sik stoppt, mü_____en sich alle ganz schnell _____etzen. Derjenige, der die Musik ab_____tellt, der

stellt auch einen Stuhl bei_____eite. Kein Spiel ist be_____er für einen Geburtstag! Später gab

e_____ dann einen rie_____igen Benjamin Blümchen Kuchen, sein Rü_____el war sogar aus Zucker-

gu_____. Jedenfalls war es der be_____te Geburtstag, den ich je hatte!

A2 **Kreuze alle falsch geschriebenen Wörter an.**   6

a) ☐ TASSE

b) ☐ STOS

c) ☐ FLOß

d) ☐ GAST

e) ☐ FREßEN

f) ☐ LEßEN

g) ☐ PASSEN

h) ☐ FEßELN

i) ☐ MIßT

j) ☐ GRUSS

k) ☐ MAIS

l) ☐ TERASSE

A3 **Lies die folgenden Sätze und trage das richtige Wort in die Lücke ein!**   9

a) In dem Film kocht die Ratte am liebsten mit _____ (KÄSE / KÄßE).

b) Zuhause benutzt meine Mutter einen _____ (GAßKOCHER / GASKOCHER).

c) An Halloween basteln wir immer gruselige _____ (KÜRBISE / KÜRBISSE).

d) Mit einem Zollstock haben wir mein Bett _____ (GEMEßEN / GEMESSEN).

e) Alles läuft nach _____ (Maß / MAS).

f) Ich lasse mich von nichts _____ (STRESSEN / STREßEN).

g) Mit meinem Skateboard fahre ich am liebsten über glatte _____ (STRASSEN / STRAßEN).

h) An Weihnachten ist meinem Onkel eine _____ (VAßE / VASE) runtergefallen.

i) Manchmal muss ich zur Strafe das Treppenhaus mit einem _____ (BEßEN / BESEN) fegen.

oder:
www.schuelerhilfe.de
/gute-noten
CODE   6911

bearbeitet am   zu erreichende Punktzahl: 31   erreichte Punktzahl des Schülers

➡ Ab **25** erreichten Punkten kannst du zum nächsten Test übergehen.

LE 1: Rechtschreibung und Zeichensetzung

Test 12 — S-Laute – s, ss, ß

A1 **Lies die folgenden Sätze und entscheide dich für den richtigen s-Laut.** `8`

a) Ich bin mir sicher, da......... wir in den nächsten Sommerferien sehr viel Spa......... haben werden.

b) Das Auto, da......... meinem Vater gehört, hat vor ein paar Tagen seinen Gei.........t aufgegeben.

c) Das grö.........te Ereigni........., da......... uns bevorsteht, ist unsere Klassenfahrt!

d) Im Kindergarten wu.........te ich noch nicht, da......... Schule auch anstrengend sein kann.

e) Manchmal glaube ich, da......... es be.........er wäre, ich würde im Unterricht besser zuhören.

f) Mathematik i.........t da.........Fach, da......... mir am schwersten fällt.

g) Das Lachen meiner Freunde ist das Schönste für mich, da......... würde ich am liebsten jeden Tag sehen.

h) Vielleicht wäre e.........sinnvoll, da......... wir ihr die Wahrheit sagen.

A2 **Fülle die Tabelle der Nomen und der dazugehörigen Verben mit s-Lauten.** `8`

Nomen	Verb
Kuss	
Fluss	
	gießen
Maß	
Stoß	
	Er weiß.
Riss	
	schließen

A3 **Beantworte die folgenden Fragen, indem du die richtige Lösung ankreuzt.** `2`

a) Das einfache „s" kann sowohl stimmhaft (Süden) als auch stimmlos gesprochen werden.

☐ richtig   ☐ falsch

b) Folgt einem kurzen Vokal ein s-Laut, schreibt man immer „s".

☐ richtig   ☐ falsch

oder: www.schuelerhilfe.de/gute-noten CODE 6911

bearbeitet am _____   zu erreichende Punktzahl: 18   erreichte Punktzahl des Schülers _____

➡ Ab **14** erreichten Punkten kannst du zum nächsten Test übergehen.

© ZGS Bildungs-GmbH   Deutsch 3/4 • 18

Test **13**   Das oder dass

Schwierigkeits-grad

A1 **Ergänze „das" oder „dass".**   11

a) .... Haus ist schöner als .... dort hinten.

b) Die Kinder lernen, ... die Zähne zweimal täglich geputzt werden müssen. .... ist sehr wichtig!

c) .... Jahr ging sehr schnell vorbei.

d) Ich habe gestern erfahren, ... nächste Woche .... Haus renoviert wird.

e) Ich gehe gerne in .... Kino, ... Theaterstücke zeigt.

f) .... Mädchen ist traurig, ... die Lehrerin krank ist.

A2 **Ersetze alle „das" mit „ein", „dies" oder „welches" und schreibe die neuen**   11
Sätze auf.

a) Er zog das Lineal aus seinem Rucksack.

....

b) Das ist alles?   ?

c) Das ist das Pferd, das ich meinte. ....

d) Das schützt vor Krankheiten. ....

e) Das ist das Pflaster mit Dinosauriern. ....

f) Das Mädchen liest das Buch, das sie zu Weihnachten bekommen hat.

....

A3 **Stelle folgende Sätze so um, dass das „dass" am Satzanfang steht.**   4

a) Ich glaube, dass der Mathetest morgen geschrieben wird.

....

b) Das Mädchen wusste, dass die Lehrerin krank war.

....

c) Ich vermute schon seit einiger Zeit, dass sie mich belügt.

....

d) Die Frau mit dem roten Stirnband wusste, dass die Kinder geklaut haben.

....

---

bearbeitet am   **zu erreichende Punktzahl: 26**   **erreichte Punktzahl des Schülers**

➡ Ab **21** erreichten Punkten kannst du zum nächsten Test übergehen.

Test **14**   Das oder dass

Schwierigkeits-
grad

A 1   Fülle die Lücken des Merkkastens. | 7 |

Kann man das „das" mit „d_____", „j_____" oder „w_____" ersetzen, wird es nur mit
_____ „s" geschrieben. Das „_____" ist ein Bindewort und leitet einen _____ ein.
Deswegen steht das Prädikat dann immer an _____ Stelle des Satzes.

A 2   Ergänze mit „das" oder „dass" | 11 |

a) _____ ist mein Kuscheltier!

b) Verzeih mir, _____ ich so zickig war.

c) _____ du _____ kannst, _____ wusste ich!

d) _____ ist _____ Buch, _____ ich schon lange gesucht habe.

e) Lass _____!

f) _____ Mädchen sagte: „_____ solltest du besser sein lassen."

A 3   Welche Funktion nimmt das unterstrichene „das" ein? | 13 |
Schreibe die Nummern (1, 2 oder 3) in die Klammern hinter die Sätze.

1   „Das" als Artikel (ersetzbar mit „ein")
2   „Das" als hinweisendes Fürwort (ersetzbar mit „dies")
3   „Das" als rückbezügliches Fürwort (ersetzbar mit „welches")

a) Ich kann das besonders gut! (___)

b) Ich suche das Lineal, das mir gehört. (___)

c) Das Gewitter, das gestern Abend tobte. (___)

d) Das ist das Kleid, das ich mir schon lange kaufen wollte. (___)

e) Das ist das Haus, das ist meinte. (___)

f) Ich verstehe das nicht. (___)

g) Das Mädchen, das dort vorne läuft, heißt Kathy. (___)

h) Mein Leben, das ich so lebte wie ich wollte.(___)

i) Iris, das ist meine Tasche! (___)

j) Das Mäuschen, das im Keller wohnt. (___)

k) Das Haus, das wir verkauften war ein schönes. (___)

l) Zugegeben, das war ein guter Song! (___)

m) Das eine war so schön, wie das andere. (___)

bearbeitet am _____   zu erreichende Punktzahl: 31   erreichte Punktzahl des Schülers _____

➡ Ab 25 erreichten Punkten kannst du zum nächsten Test übergehen.

Test 15 Das oder dass

Schwierigkeits-
grad

A1 Ergänze „das" oder „dass". 21

a) Gestern war _____ stärkste Gewitter aller Zeiten, _____ gleich mehrere Häuser in Brand gesetzt hat.

b) Ich glaube, _____ Haus ist, _____ gestern gebrannt hat.

c) Ich kenne _____ Kind, _____ in dem Haus gewohnt hat.

d) _____ Haus gestern gebrannt hat, hat alle schockiert.

e) Ich hoffe, _____ unser Haus niemals brennen wird.

f) _____ Mädchen war sich sicher, _____ letzte Tor war.

g) Ben war sich sicher, _____ er _____ Spiel gewinnen würde.

h) _____ der Dieb war, konnte ja niemand ahnen.

i) _____ ich _____ noch erleben darf!

A2 Ergänze „das" oder „dass". 12

_____ mit dem „das" oder „_____" so schwierig ist, _____ verstehe ich gar nicht. _____ „_____" setzt man nur ein, wenn man nicht „dieses", „jenes" oder „welches" einsetzen kann. Denn _____ „_____" ist ein Bindewort und leitet Nebensätze ein. Und _____ „_____" ein Artikel ist, _____ weiß ja jedes Kind.

A3 Dieser Text enthält Fehler! Suche und unterstreiche sie. 13

Was war dass für ein Tag. Das dass so anstrengend werden würde, war mir nicht klar. Naja dass Bein schmerzt, aber es war die Sache wert. Der Anstieg war dass Schlimmste! Auch Maria entschied sich, das besser zu Durchquerende mit mir zu gehen. Aber auch dass war sehr heftig!

„Hättest du gedacht, dass wir das schaffen?", fragte sie mich völlig aus der Puste. „Nein, dass habe ich nicht gedacht. Ich war schon dabei aufzugeben, als wir das Camp noch nicht mal sahen. Ich habe schon am Anfang gehofft, das das leichter wird, aber es wurde schwerer."

Im Großen und Ganzen war uns dass aber eine Wohltat gewesen! Ich war sehr froh, dass geschafft zu haben. Sich ein wenig an seine Grenzen zu treiben, so das man kurz davor ist, sich auf einen Stein zu setzen und sich nie wieder zu bewegen, ist eine super Erfahrung!-Wenn man dass geschafft hat natürlich!

---

bearbeitet am _____ **zu erreichende Punktzahl: 46** **erreichte Punktzahl des Schülers** _____

➡ Ab **37** erreichten Punkten kannst du zum nächsten Test übergehen.

Test **16** — Das oder dass

Schwierigkeits-
grad

A1 Beantworte die folgenden Fragen und kreuze die richtige Lösung an.   4

a) „das" lässt sich in der Regel durch „dieses" oder „jenes" ersetzen, ohne dass der Satz seinen Sinn verliert.

☐ richtig   ☐ falsch

b) Wenn „das" nach einem Komma steht, wird immer „dass" geschrieben.

☐ richtig   ☐ falsch

c) „das" kann ein Artikel oder Pronomen sein.

☐ richtig   ☐ falsch

d) „dass" leitet einen Hauptsatz ein.

☐ richtig   ☐ falsch

A2 Lies die folgenden Sätze und entscheide dich, ob „das" oder „dass" eingesetzt werden muss.   6

a) Mein kleiner Bruder ist sich sicher, ... es den Weihnachtsmann gibt.

b) Meine Mutter ist stolz auf meine kleine Schwester, weil sie weiß, ... sie schwimmen kann.

c) .... Auto wurde in der Nebenstraße geparkt.

d) Mein Lehrer sagte mir, ... ich .... vielleicht nochmal üben sollte.

e) Das Schwimmbad ist das Beste, ... es im Umkreis von zweihundert Kilometern gibt.

A3 Bilde aus den folgenden Wörtern einen vollständigen Satz mit „dass".   4

a) überzeugt · kein besseres · mein Vater · dass · existiert · ist · Buch

....

b) Wir · meiner Oma · wirklich froh · dass · es · wieder besser · geht · sind

....

c) Ich · dass · du nicht · es · kommen kannst · schade · finde ·
zu meiner Geburtstagsparty

....

d) Wir · unser Schulteam · dass · wollen · bei · gewinnt · dem Turnier

....

bearbeitet am   zu erreichende Punktzahl: 14   erreichte Punktzahl des Schülers

➡ Ab **11** erreichten Punkten kannst du zum nächsten Test übergehen.

Test 17 — Das oder dass

Schwierigkeits-grad

A1 Lies die folgenden Sätze und entscheide dich, ob du nach dem Komma „das" oder „dass" einsetzen muss.

7

a) Wir wollen ein neues Auto kaufen, ... hoffentlich länger als zehn Jahre fahrtüchtig bleibt.

b) Meine Schwester und ich müssen im Urlaub in einem Bett schlafen, ... ist wirklich nervig!

c) Meine Lehrerin erwartet, ... wir alle stets pünktlich zum Unterricht erscheinen.

d) Das Schönste an Karneval ist, ... wir uns verkleiden dürfen.

e) Frankreich ist ein Land, ... besonders für seine wunderschöne Sprache bekannt ist.

f) Das Kaninchen ist ein Tier, ... am liebsten an Karotten knabbert.

g) Es ist doof, ... wir in Niedersachsen weniger Feiertage haben als die Schüler in Nordrhein-Westfalen.

A2 Bilde aus den folgenden Sätze neue Sätze mit einem „dass". Achte auf die Verbstellung.

3

a) Sie möchte ein neues Fahrrad.

Sie sagt, ...

b) Er spielt gerne Fußball.

Er sagt, ...

c) Wir schlafen lieber in einer Jugendherberge.

Sie sagen, ...

A3 Kreuze alle richtigen Aussagen an.

10

a) ☐ Kann man für „dass" dieses, jenes oder welches einsetzen, wird „dass" geschrieben.

b) ☐ „das" kann ein bestimmter Artikel sein.

c) ☐ Man kann „das" als Relativpronomen verwenden.

d) ☐ „das" ist ein unbestimmter Artikel.

e) ☐ „dass" ist ein sogenannten Demonstrativpronomen.

f) ☐ „dass" leitet immer einen Nebensatz ein.

g) ☐ „dass" kann als Artikel gebraucht werden.

h) ☐ Bei „Das Kind, das/s ist glücklich, muss „das" stehen.

i) ☐ Wenn „das" mit Doppel-s verwendet wird, ist es eine Konjunktion.

j) ☐ „das" ist nach dem Komma das Subjekt des Folgesatzes.

bearbeitet am   zu erreichende Punktzahl: 20   erreichte Punktzahl des Schülers

➡ Ab **16** erreichten Punkten kannst du zum nächsten Test übergehen.

Test **18**   Das oder dass

Schwierigkeits-
grad

A1   Entscheide dich, ob das unterstrichene Wort ein Artikel, ein Demonstrativpronomen, ein Relativpronomen oder eine Konjunktion ist. | 7 |

a) Wir wollten schon immer, dass es für immer ist.
☐ Artikel   ☐ Demonstrativpronomen   ☐ Relativpronomen   ☐ Konjunktion

b) Kannst du mir sagen, was das ist?
☐ Artikel   ☐ Demonstrativpronomen   ☐ Relativpronomen   ☐ Konjunktion

c) Die Ritter warteten auf das riesige Katapult.
☐ Artikel   ☐ Demonstrativpronomen   ☐ Relativpronomen   ☐ Konjunktion

d) „Nach Regen folgt wieder Sonnenschein" ist ein Motto, an das ich stets festhalte.
☐ Artikel   ☐ Demonstrativpronomen   ☐ Relativpronomen   ☐ Konjunktion

e) Das werden wir sicherlich bald begreifen.
☐ Artikel   ☐ Demonstrativpronomen   ☐ Relativpronomen   ☐ Konjunktion

f) Kannst du mir dein Fahrrad leihen, das ich bereits letztes Mal genommen habe?
☐ Artikel   ☐ Demonstrativpronomen   ☐ Relativpronomen   ☐ Konjunktion

g) Meine Geschwister und ich wollten im Urlaub das braungebrannte Kamel reiten.
☐ Artikel   ☐ Demonstrativpronomen   ☐ Relativpronomen   ☐ Konjunktion

A2   Bilde aus den folgenden Satzgliedern neue Sätze und entscheide dich dabei, ob „das" oder „dass" verwendet werden muss. | 3 |

a) man · das/dass · ist Wasser · das gesündeste Getränk · trinken kann

....

b) in Mathematik · geschafft hat · im Großen und Ganzen · das/dass · ist er zufrieden · 65 % · er

....

c) zwei Minuten · gehe bitte · das/dass · klingelt · an · seit · das Telefon

....

A3   Entscheide dich für „das" oder „dass" und streiche die falschen Lösungen durch oder und schreibe den Satz richtig auf. | 2 |

a) ... Das/... Dass Besondere daran ist, ... das/... dass es kein Auto gibt, ... das/... dass so viel Komfort bietet.

....

b) ... Das/... Dass du ... das/... dass besser kannst, ... das/... dass ist mir bewusst.

....

---

bearbeitet am ☐   zu erreichende Punktzahl: 12   erreichte Punktzahl des Schülers ☐

➡ Ab **10** erreichten Punkten kannst du zum nächsten Test übergehen.

Test 19 — Kurze und lange Vokale

Schwierigkeits-grad

A1 Kreuze alle Wörter an, die lang ausgesprochen werden.

6

a) ☐ Hut

b) ☐ Hund

c) ☐ Stall

d) ☐ Hase

e) ☐ Bett

f) ☐ Kuh

g) ☐ Wolle

h) ☐ Wolke

i) ☐ Mehl

j) ☐ Schule

k) ☐ Zink

l) ☐ schön

A3 Vervollständige den Lückentext mit den richtigen Wörtern mit oder ohne Dehnungs-h.

6

a) Im Herbst trage ich einen _____ um meinen Hals. *(Schahl/Schal)*

b) Vor dem Sport sollten sich die Schüler _____. *(dehnen/denen)*

c) Wenn ich wissen will, wie spät es ist, schaue ich auf meine _____. *(Uhr/Ur)*

d) Im Winter spielen sie in der Halle, im Sommer auf dem _____. *(Rahsen/Rasen)*

e) Peter hat zwei Kinder. Eine Tochter und einen _____. *(Sohn/Son)*

f) Die Lieblingsbeschäftigung eines Faultiers ist zu _____. *(schlahfen/schlafen)*

A4 Wird das fettgedruckte Nomen kurz (k) oder lang (l) ausgesprochen?

12

An einem sonnigen **Tag** (___) im Winter saß der Hase im **Wald** (___) auf einem **Stamm** (___). Hinter ihm lag ein langer **Weg** (___) durch den **Schnee** (___), weshalb seine Füße zitterten. Er wünschte sich einen warmen **Platz** (___) zum Schlafen. Mit den Augen suchte er zwischen der vielen Bäume einen Unterschlupf zu finden. Es vergingen viele hoffnungslose **Stunden** (___). Die Sonne verschwand bereits am Horizont. Plötzlich hörte der **Hase** (___) ein Geräusch. Es war **Fuchs** (___), der ihn einlud, bei sich zu übernachten. Der Hase zögerte, er wusste, wie listig **Füchse** (___) sein können, aber er hatte keine andere **Wahl** (___). So vertraute er dem Fuchs, schlüpfte in seinen Fuchsbau und schlief direkt ein. Morgens öffnete er seine Augen und fühlte sich so lebendig wie nie zuvor. Der Fuchs war keine **Gefahr** (___).

oder:
www.schuelerhilfe.de
/gute-noten
CODE 4373

bearbeitet am _____

zu erreichende Punktzahl: 24

erreichte Punktzahl des Schülers

➡ Ab **19** erreichten Punkten kannst du zum nächsten Test übergehen.

Test **20** Kurze und lange Vokale

Schwierigkeits-
grad

A1 Füge die passenden Vokale bzw. Umlaute (ä, ü, ö) ein.
Vorsicht, manchmal musst du an das Dehnungs-h denken.

8

a) w........nen

b) Ich r........fe.

c) w........renddessen

d) M........le

e) r........gen

f) B........nhof

g) S........netorte

h) g........nen

A2 Welche der folgenden Wörter haben ein Dehnungs-h? Kreuze an.

5

a) ☐ helfen

b) ☐ behalten

c) ☐ strahlen

d) ☐ hören

e) ☐ verhaften

f) ☐ dehnen

g) ☐ hören

h) ☐ drehen

i) ☐ Bohrer

j) ☐ Lehne

k) ☐ abheften

l) ☐ Fahrrad

A3 Kurzer oder langer Vokal? Trage folgende Wörter in die Tabelle ein.

15

Ball · Blume · Dame · Fehler · Damm · Fell · Mehl · Mutter · Nomen ·
Brennnessel · Pfad · Paddel · Rede · Rassel · malen

Kurzer Vokal	Langer Vokal

oder:
www.schuelerhilfe.de
/gute-noten
CODE 4373

bearbeitet am .... zu erreichende Punktzahl: 28 erreichte Punktzahl des Schülers ....

➡ Ab **22** erreichten Punkten kannst du zum nächsten Test übergehen.

Test 21   Kurze und lange Vokale

Schwierigkeits-
grad

A1   Kurzer oder langer Vokal? Trage folgende Wörter in die Tabelle in.   15

Butter · Besen · Düne · Dattel · Frieden · Fälle · Masern · Mittag · Nuklear ·
Noppen · Paddel · Pfennig · Riss · Rummel · Masse

Kurzer Vokal	Langer Vokal

A2   Welcher Begriff passt von der Vokallänge nicht? Schreibe ihn in die Lücke.   5

a)   Tanne, Wanne, Kanne, Wal   ....

b)   Klette, Nebel, Wetter, nett   ....

c)   Stil, Rinne, Lippe, Schiff   ....

d)   Sonne, Gift, Sohn, Ball   ....

e)   Kohl, Stachel, Mut, Zug   ....

A3   Ordne zu, ob die unterstrichenen Wörter lang oder kurz ausgesprochen werden.   13

Ein alter Indianer saß mit seinem Enkelsohn am Lagerfeuer. Es war schon dunkel geworden und
das Feuer knackte, während die Flammen in den Himmel züngelten. Er erzählt dem Jungen, dass
er zwei Wölfe in sich hat, die miteinander streiten. Der Erste ist der Wolf des Friedens, der Liebe
und der Freundlichkeit. Der andere Wolf, der der Angst, des Geizes, und des Hasses. „Welcher Wolf
wird gewinnen?", „ fragt der Enkel. „Der, den du fütterst."

Lang: ....

....

Kurz: ....

....

oder:
www.schuelerhilfe.de
/gute-noten
CODE   4373

bearbeitet am   zu erreichende Punktzahl: 33   erreichte Punktzahl des Schülers

➥ Ab **26** erreichten Punkten kannst du zum nächsten Test übergehen.

Test 22 — Kurze und lange Vokale

Schwierigkeits-
grad

A1 Kreuze alle Wörter an, die einen kurzen Stammvokal besitzen und somit kurz ausgesprochen werden. 　8

a) ☐ Wolke

b) ☐ Stahl

c) ☐ Mann

d) ☐ Zimmer

e) ☐ Lippen

f) ☐ Glut

g) ☐ Demut

h) ☐ Welt

i) ☐ Tropfen

j) ☐ Leben

k) ☐ Schale

l) ☐ Ruhe

m) ☐ Kahlheit

n) ☐ Stadt

o) ☐ Mensch

p) ☐ Fuß

A2 Lies die folgenden Aussagen und entscheide dich, ob sie richtig oder falsch sind. Kreuze an. 　6

		richtig	falsch
a)	Vokale, die vor einem Doppelkonsonanten stehen, werden lang ausgesprochen.	☐	☐
b)	Vokale, die vor einem Dehnungs-h stehen, werden lang ausgesprochen.	☐	☐
c)	Bei mehrsilbigen Wörtern liegt im Deutschen die Betonung auf dem Vokal der ersten Silbe.	☐	☐
d)	Bei der Verdopplung eines Vokals wird das Wort kurz ausgesprochen.	☐	☐
e)	Um ein Wort zu dehnen, wird manchmal ein „h" zu „hh" verdoppelt.	☐	☐
f)	Sprechen wir einen Vokal kurz aus, verdoppeln wir beim Schreiben den Konsonanten.	☐	☐

A3 Setze die richtigen Formen ein. 　10

a) Heute _____ (Mittag/Miettag) gibt es einen leckeren _____ (Sahrlat/Salat).

b) Die _____ (Menschen/Mennschen) lieben _____ (Tire/Tiere), deshalb gehen

sie in den _____ (Zoo/Zoh).

c) Das Haus ist nicht aus _____ (Holz/Hohlz) oder _____ (Stein/Stain),

sondern auf _____ (Leem/Lehm).

d) In der _____ (Wohnung/Wonnung) herrscht sehr viel

_____ (Tumult/Tumuhlt).

oder:
www.schuelerhilfe.de
/gute-noten
CODE 4373

bearbeitet am 　　　　zu erreichende Punktzahl: 24　　　erreichte Punktzahl des Schülers

➡ Ab **19** erreichten Punkten kannst du zum nächsten Test übergehen.

Test **23** ▸ Kurze und lange Vokale

Schwierigkeits-
grad

A1 **Kreuze alle Wörter an, die kurz ausgesprochen werden.** 8

a) ☐ tun   g) ☐ oder   m) ☐ lieb

b) ☐ prall   h) ☐ ob   n) ☐ am

c) ☐ alle   i) ☐ böse   o) ☐ wund

d) ☐ war   j) ☐ tut   p) ☐ nun

e) ☐ das   k) ☐ wenn

f) ☐ ihn   l) ☐ nicht

A2 **Huch? Welches der folgenden Wörter passt nicht in die Reihe? Schreibe es auf.** 8

a) Tier, Bett, Geist, Gefühl   ....

b) Tanne, Platz, Kunst, Name   ....

c) Knall, Dame, Blick, Duft   ....

d) Hut, Weg, Schreck, Blut   ....

e) schön, mir, an, kam   ....

f) hatte, musste, setzte, hielt   ....

g) bloß, noch, schon, so   ....

h) offen, warm, lila, den   ....

A3 **Lies die folgenden Sätze und trage das richtige Wort in die Lücke.** 6

a) Meine Mama liebt ihr .... *(Bett/Beet)*, welches sie täglich im Garten pflegt.

b) Ich .... *(wohne/wonne)* in der Lindenstraße. So hieß auch eine TV-Serie.

c) Deutschland ist ein .... *(Staat/Stadt)* und Berlin ist die ....
(Hauptstaat/Hauptstadt).

d) Unser kleines Dorf ist bekannt für die schönste .... *(Gase/Gasse)* in
der Umgebung.

e) Das Festessen wurde im .... *(Sall/Saal)* des Rathauses angerichtet.

oder:
www.schuelerhilfe.de
/gute-noten
CODE 4373

bearbeitet am   zu erreichende Punktzahl: 22   erreichte Punktzahl des Schülers

➡ Ab **18** erreichten Punkten kannst du zum nächsten Test übergehen.

Test 24   Kurze und lange Vokale

Schwierigkeits-
grad

A1 Sieh dir die folgenden Paare an und kreuze lang ausgesprochenen
Wörter an.   10

a) ☐ All   ☐ Aal   e) ☐ Bann   ☐ Bahn   i) ☐ Höhle   ☐ Hölle

b) ☐ wann   ☐ Wahn   f) ☐ Hüte   ☐ Hütte   j) ☐ Muss   ☐ Mus

c) ☐ Schal   ☐ Schall   g) ☐ Kamm   ☐ kam

d) ☐ Beet   ☐ Bett   h) ☐ kahm   ☐ Lamm

A2 Kreuze alle Wörter an, die kurz ausgesprochen werden.   10

a) ☐ Stall   e) ☐ Gott   i) ☐ Büro   m) ☐ Ruf

b) ☐ Stuhl   f) ☐ Bad   j) ☐ Wort   n) ☐ Sinn

c) ☐ Druck   g) ☐ Kopf   k) ☐ Glas   o) ☐ Geld

d) ☐ Fleck   h) ☐ Haare   l) ☐ Kind   p) ☐ Kraft

A3 Lies die folgenden Sätze und trage das richtige Wort in die Lücke ein. 10

a) Das Markenzeichen des Schauspielers war sein .... (Muttermal/Muttermahl).

b) Das .... (Mal/Mahl) schmeckte ausgezeichnet. Jeder wollte Nachschlag.

c) Auf seinem Jägerposten .... (erspäht/erspät) der Jäger ein Reh.

d) Es ist schon .... (spät/späht)! Du solltest langsam ins Bett gehen.

e) Vor dem Sport sollte man sich .... (dehnen/denen), damit es nicht zu
Verletzungen kommt.

f) Wir sollten .... (dehnen/denen) helfen, damit wir schneller vorankommen.

g) Die Übung sollte uns etwas .... (leeren/lehren).

h) Mein Vater hat gesagt, wir sollen das Glas .... (leeren/lehren).

i) Beim Backen wird oft .... (gemalen/gemahlen). Das ist ein
bisschen anstrengend.

oder:
www.schuelerhilfe.de
/gute-noten
CODE   4373

j) Im Kindergarten haben wir noch viel .... (gemalt/gemahlt).

bearbeitet am   zu erreichende Punktzahl: 30   erreichte Punktzahl des Schülers

➥ Ab **24** erreichten Punkten kannst du zum nächsten Test übergehen.

Test 25 — Doppellaute

Schwierigkeits-
grad

A1 **Wie viele Doppellaute findest du? Trage die Zahl in die Klammer.** 6

a) Mein Freund wohnt in einem blauen Haus. (......)

b) Mäuse sind kleiner als Haie. (......)

c) Er war ein sehr unfairer Spieler. (......)

d) Sie banden das Boot an einem Seil fest. (......)

e) Der Monat Mai liegt im Frühling. (......)

f) Als Beilage servierten sie Mais. (......)

A2 **Ordne die Wörter mit gleichen Doppellauten einer Gruppe zu.** 15
Bringe sie innerhalb der Gruppe in eine alphabetische Reihenfolge.

Laus · träumen · Kaiser · Gehäuse · Scheune · Maus · Mainz · Freund · allein ·
Eule · Mais · Reim · Strauß · Bäume · sein

au	ai	eu	äu	ei

A3 **Kreuze die richtig geschriebenen Sätze an.** 6

a) ☐ Die Familie macht eine Reise nach Spanien.
☐ Die Familie macht eine Raise nach Spanien.

b) ☐ Der Hai ist ein Raubfisch.
☐ Der Hei ist ein Raubfisch.

c) ☐ Die Freude war groß.
☐ Die Fräude war groß.

d) ☐ Die Heuser wurden frisch gestrichen.
☐ Die Häuser wurden frisch gestrichen.

e) ☐ Die Katze spielt mit dem Wollknäuel.
☐ Die Katze spielt mit dem Wollkneuel.

f) ☐ Die Bäute der Diebe war wertvoll.
☐ Die Beute der Diebe war wertvoll.

oder:
www.schuelerhilfe.de
/gute-noten
CODE 7245

bearbeitet am   zu erreichende Punktzahl: 27   erreichte Punktzahl des Schülers

➡ Ab **22** erreichten Punkten kannst du zum nächsten Test übergehen.

Test 26 Doppellaute

A 1 Bilde den Singular oder den Plural. Denke an den bestimmten Artikel.   8

	Singular	Plural
a)	die Laus	
b)	der Strauch	
c)		die Kräuter
d)	der Einkauf	
e)		die Freunde
f)	der Räuber	
g)	der Baum	
h)		die Feinde

A 2 Löse die Worträtsel, indem du die Lücken mit Umlauten füllst.   7

a) Der 5. Monat des Jahres: M........

b) Eine Person, die man mag: der Fr........nd

c) Ein Herrschertitel (nicht König, sondern ...): der K........ser

d) Der Tag zwischen gestern und morgen: H........te

e) Zusammen ergeben sie einen Wald: die B........me

f) Eine Getreideart: der M........s

g) Was Diebe stehlen: die B........te

A 3 Ordne die nachfolgenden Wörter der passenden Wort-Reihe zu.   7

treu · sein · Lauch · Kai · Kreis · Applaus · Gehäuse

a) klein · mein · ....

b) Mäuse · Läuse · ....

c) Strauch · Brauch · ....

d) Heu · neu · ....

e) Raus · Haus · ....

f) Mai · Hai · ....

g) Reis · Eis · ....

oder:
www.schuelerhilfe.de
/gute-noten
CODE   7245

bearbeitet am [   ]   zu erreichende Punktzahl: 22   erreichte Punktzahl des Schülers [   ]

➡ Ab **18** erreichten Punkten kannst du zum nächsten Test übergehen.

Test 27 — Doppellaute

Schwierigkeits-
grad ▮▮▯

A1 Suche das passende Verb zum Nomen/Nomen zum Verb. | 6 |

Nomen	Verb
a) der Traum	
b)	schäumen
c)	aufräumen

Nomen	Verb
d) die Reise	
e) die Mauer	
f)	laufen

A2 Ordne den folgenden Wörtern die passende Bedeutung zu. | 9 |

a) Form eines Brotes: L_____b

b) Im Buch ist sie bedruckt: S_____te

c) Fischeier: L_____chen

d) Körper: L_____b

e) Elternloses Kind: W_____se

f) Darauf wird auf der Gitarre gespielt: S_____te

g) Mit dem Alter wird man: W_____se

h) Sie werden begraben: L_____chen

i) Nicht-Fachmann: L_____e

A3 Einige Sätze sind fehlerhaft. Korrigiere die falschen Sätze und schreibe sie komplett richtig auf. Schreibe „fehlerfrei" wenn kein Fehler enthalten ist. | 9 |

a) Als Keiser werden mächtige Herrscher bezeichnet.

....

b) Sie treumt von einer Hochzeit im Mei. ....

c) Die Katze jagt die Mäuse. ....

d) Der Reuber versteckt die Bäute. ....

e) Die Glocken der Kirche leuten immer am Sonntag.

....

f) Das Maisfeld wird im Herbst geerntet. ....

g) Ein Hai schwimmt im Meer. ....

h) Er schlägt die Saiten des Buches um. ....

i) Am Ufer eines Sees legen die Frösche im Frühling ihren Leich ab.

....

oder:
www.schuelerhilfe.de
/gute-noten
CODE 7245

bearbeitet am [ ]   zu erreichende Punktzahl: 24   erreichte Punktzahl des Schülers [ ]

➡ Ab **19** erreichten Punkten kannst du zum nächsten Test übergehen.

Test 28 — Doppellaute

Schwierigkeits-grad

A1 Welche der Laute in der Tabelle sind Doppellaute? Kreuze an.   5
Kleiner Tipp: Es gibt insgesamt fünf Doppellaute.

a) ☐ ai   e) ☐ eu   i) ☐ ll

b) ☐ pf   f) ☐ äu   j) ☐ sch

c) ☐ ei   g) ☐ st   k) ☐ ar

d) ☐ ur   h) ☐ au   l) ☐ ie

A2 Bei den folgenden Namenwörtern fehlen die Doppellaute.   8
Kannst du sie wieder richtig zuordnen?

ei • eu • ei • au • ai • au • äu • eu

a) B......me   e) B......n

b) R......pe   f) B......le

c) H......   g) K......ser

d) H......s   h) K......le

A3 In den folgenden Sätzen sind die Doppellaute verloren gegangen.   6
Ordne sie wieder richtig zu.

ei • au • ai • äu • au • eu

a) Viele Kinder tr......men nachts von viel Spielzeug.

b) H......te fängt der Sommer an.

c) Die Eule bewegt sich ganz l......se.

d) R......pen sind interessante Tiere.

e) Im M......blühen schon die Blumen.

f) Dieser B......m ist schon sehr alt, deshalb ist sein Stamm so dick.

oder:
www.schuelerhilfe.de
/gute-noten
CODE   7245

bearbeitet am   zu erreichende Punktzahl: 19   erreichte Punktzahl des Schülers

➡ Ab **15** erreichten Punkten kannst du zum nächsten Test übergehen.

Test **29** Doppellaute

Schwierigkeits-
grad

A1 Bei den folgenden Wörtern sind die Doppellaute verschwunden.
Setze sie wieder ein. Du kannst dafür die Doppellaute in der Tabelle nutzen.
Aber Vorsicht, dort haben sich auch ein paar falsche Lösungen eingeschlichen.

8

äu • ei • eu • ei • ei • a • eu • st • äu • pf • äh • au

a) tr.........men

b) l.............se

c) R.........se

d) ....le

e) Am.........se

f) F.........er

g) K.........fer

h) L.........b

A2 Welche Schreibweise ist richtig? Kreuze sie an.

7

a) ☐ Eimer ☐ Aimer

b) ☐ Fäuer ☐ Feuer

c) ☐ leise ☐ laise

d) ☐ Beume ☐ Bäume

e) ☐ Leuse ☐ Läuse

f) ☐ Ameise ☐ Amaise

g) ☐ Treume ☐ Träume

A3 Ergänze in den folgenden Sätzen die richtigen Doppellaute.

7

a) H.........te ist ein sonniger Tag.

b) Mara ist h.........ser und kann kaum noch reden.

c) Die B.........stelle ist l.........t.

d) Im Sch.........fenster vom Spielwarengeschäft liegt eine ....ßerst

große Sch.........fel.

oder:
www.schuelerhilfe.de
/gute-noten
CODE **7245**

bearbeitet am .... zu erreichende Punktzahl: 22 erreichte Punktzahl des Schülers

➡ Ab **18** erreichten Punkten kannst du zum nächsten Test übergehen.

Test **30**   Doppellaute

Schwierigkeits-
grad ▣ ▣ ▣

A1   **Ergänze in den Lücken die richtigen Doppellaute.**   8

a) Im H_____s ist es sehr l_____se, weil das Baby nicht zuh_____se ist.

b) Der K_____ser fliegt im Flugz_____g nach Japan.

c) Der Schüler r_____spert sich l_____t.

d) Der Hund b_____ßt einen Postboten ins Bein.

e) _____ropa ist ein Kontinent.

f) Das F_____er ist gefährlich und viele L_____te bekommen Angst.

g) Tr_____me können wahr werden.

h) Die S_____le ist nicht mehr so stabil.

A2   **Setze die fehlenden Doppellaute ein.**   11

a) S_____getier

b) R_____se

c) B_____tel

d) L_____ter

e) H_____

f) l_____t

g) Fr_____nde

h) Br_____

i) H_____t

j) _____lig

k) H_____ptling

A3   **Welche Schreibweise ist richtig? Kreuze sie an.**   5

a) ☐ Häuser   ☐ Heuser

b) ☐ heulen   ☐ häulen

c) ☐ teuer   ☐ täuer

d) ☐ Bain   ☐ Bein

e) ☐ Stein   ☐ Stain

oder:
www.schuelerhilfe.de
/gute-noten
CODE   **7245**

bearbeitet am _____   zu erreichende Punktzahl: 24   erreichte Punktzahl des Schülers _____

➤ Ab **19** erreichten Punkten kannst du zum nächsten Test übergehen.

LE 1: Rechtschreibung und Zeichensetzung

Test 31 **Dehnungen**

Schwierigkeits-grad

A1 Schreibe in die Lücke ein Dehnungs-h, wenn es nötig ist. Ansonsten bleibt die Lücke leer.

11

Bevor ich das Haus verlasse, frü____stücke ich, putze meine Zä____ne und binde mir einen Scha____l um meinen Hals. Zum Ba____nhof fa____re ich mit dem Fa____rrad. In der ersten Stu____nde haben wir Sport bei meinem Lieblingsle____rer. Wenn wir Fußball spie____len ist das manchmal zie____mlich gefä____rlich.

A2 i oder ie? Streiche das falsch geschriebene Wort durch.

7

a)	die Wiese	die Wise	h)	die Brielle	die Brille
b)	wier	wir	i)	der Spigel	der Spiegel
c)	der Blitz	der Blietz	j)	spielen	spilen
d)	das Beispiel	das Beispil	k)	fienden	finden
e)	das Kaugummi	das Kaugummie	l)	der Brief	der Brif
f)	dienen	dinen	m)	fliegen	fligen
g)	das Fiber	das Fieber	n)	gießen	gißen

A3 Ergänze die Doppelvokale.

8

a) Sie kämmt sich ihre H____.

b) Ich fege die Straße mit einem B____.

c) Der Junge schläft in seinem B____.

d) Wir fahren mit einem B____ über den See.

e) Die Blumen wachsen im Blumenb____.

f) Meine N____ läuft, wenn ich Schnupfen habe.

g) Abends isst Ben ein Butterb____.

h) Im Urlaub schwimme ich im M____.

oder:
www.schuelerhilfe.de
/gute-noten
CODE **3569**

bearbeitet am ____   zu erreichende Punktzahl: 26   erreichte Punktzahl des Schülers ____

➡ Ab **21** erreichten Punkten kannst du zum nächsten Test übergehen.

Test **32**   Dehnungen

Schwierigkeits-
grad

A1 **Beantworte die Fragen mit einem Wort.**   3

a) Welches Tier legt unsere Frühstückeier? ....

b) Was macht „tick-tack" und hängt an der Wand? ....

c) Wie heißt der zweite Tag in der Woche? ....

A3 **Bilde die Vergangenheitsform (Präteritum) der Verben.**   8

	Person	Gegenwart	Person	Vergangenheit
a)	Sie	schlafen	Sie	
b)	Ich	gehe	Ich	
c)	Wir	halten	Wir	
d)	Ich	laufe	Ich	
e)	Wir	fallen	Wir	
f)	Er	schreit	Er	
g)	Sie	schreibt	Sie	
h)	Sie	rufen	Sie	

A4 **Finde die Fehler und unterstreiche sie.**   7

Ein Tag im Tirpark

An einem Dinstag sind wir mit der Familie in einen Zoo gefaren. Die Sonne schiehn und wir hatten

ser vil Spaß. Wir konnten in das Gehehge der Zigen hineingehen und sie mit Grahs füttern. Aller-

dings schlifen die Zigen in diesem Moment. Weil wir sie nicht stöhren wollten, sind wir zunächst

weiter zu den Schaafen gegangen. Diese freuten sich risig über das Futter.

oder:
www.schuelerhilfe.de
/gute-noten
CODE   3569

bearbeitet am   **zu erreichende Punktzahl: 18**   **erreichte Punktzahl des Schülers**

➡ Ab **14** erreichten Punkten kannst du zum nächsten Test übergehen.

Test 33   Dehnungen

Schwierigkeits-
grad

A1   Fülle die Lücken. Trage nur dort ein „-h" ein, wo es richtig ist.   63

Am Montag fu___ren wir mit einer Fä___re nach Sylt. Unse___re Reise wa___r schön, aber anst-re___ngend. Als wir anka___men, sa___en wir den Ha___fen von Sylt. Dort hingen vie___le Fa___nen an Masten fest. Sie we___ten im Wi___nd und rau___schten lau___t. Allge___mein wa___r der Wi___nd sta___rk. Es gab sei___chte und sta___rke Brie___sen. Meine Mutter brachte Kuchen mit und a___ß ein Stü___ck als wir im Ha___fen uns auf eine Ba___nk setzten. Als wir dort sa___ßen, ka___m eine Mö___we geflo___gen und se___tze sich zu uns auf die Ba___nk. Diese schaute auf das Kuchenstü___ck meiner Mutter und wa___rtete gedu___ldig auf den richtigen Zei___tpunkt, u___m nach dem Stückchen zu schna___ppen. Im nächsten Augenblick schna___ppte die Mö___we nach dem Kuchen und flo___g da___von. Daher war die Sti___mmung meiner Mutter we___niger gu___t, da___ sie ihren geliebten Kuchen verlo___ren hatte. Demnach versuchte Vater sie mit einer Rückenma___ssage auf der Ba___nk zu entspa___nnen. Dabei de___nte er die Schulter meiner Mutter zu wei___t, sodass ihre Schulte überde___nte. Sie ko___nnte nunme___r weder essen, noch sich bewegen. Ich suchte nach Mu___scheln im Sa___nd und überlegte ins Me___er zu spri___ngen. Es wa___r wa___rm und ich hatte meine Bade-hose angezo___gen. Ich na___m eine Taucherbrille und rannte ins Me___er hinein.

A2   Kreuze die richtigen Aussagen an.   5

a) ☐ Das „Dehnungs-h" schreibt man immer, wenn es mehr als zwei Silben im Wort gibt.

b) ☐ Es kommt meisten vor l, m, n und r.

c) ☐ Das „Dehnungs-h" kann auch weggelassen werden.

d) ☐ Das „Dehnungs-h" steht nach kurzen Vokalen.

e) ☐ Das „Dehnungs-h" steht nach langen Vokalen.

A3   Entscheide, ob die folgenden Wörter mit oder ohne „h" geschrieben werden.   15

a) Me___l

b) Ke___le

c) quä___len

d) sä___gen

e) Schu___le

f) Ku___le

g) Ba___n

h) Wa___l

i) Bü___ne

j) Mö___re

k) Za___n

l) Wa___n

m) Ka___n

n) Za___me

o) Kra___ter

oder:
www.schuelerhilfe.de
/gute-noten
CODE   3569

---

bearbeitet am ___   zu erreichende Punktzahl: 83   erreichte Punktzahl des Schülers ___

➡ Ab **66** erreichten Punkten kannst du zum nächsten Test übergehen.

Test **34**   Dehnungen

A1 Entscheide, ob bei den folgenden Wörtern ein „i" oder ein „ie" fehlt.
Kleiner Tipp: Das „i" kommt 5-mal vor und das „ie" auch.

10

a) T_____r   f) Fl_____ge

b) L_____be   g) S_____b

c) b_____tte   h) Schr_____tt

d) Tr_____tt   i) M_____te

e) _____gel   j) M_____tte

A2 In der Reihe hat sich jeweils ein falsch geschriebenes Wort eingeschlichen.
Finde und unterstreiche es.

3

a) Boot · Saal · Aal · Haar · Meer · Taat · Paar · Waage · Staat

b) zahlen · fühlen · wahr · bohren · fahren · nehmen · trinkhen

c) Kuh · Floh · roh · Poh · sah · froh · Reh · nah

A3 Fülle die nachfolgenden Lücken mit Hilfe der Tabelle aus.

6

ie · ie · h · h · aa · ee

a) Die Ku_____ ist auf der Wiese.

b) Der S_____l ist gefüllt mit Menschen.

c) Der R_____se ist sehr groß.

d) Das Boot schwimmt auf dem M_____r.

e) L_____be ist das schönste Gefühl.

f) Wir fa_____ren nach Rom.

oder:
www.schuelerhilfe.de
/gute-noten
CODE   3569

bearbeitet am   zu erreichende Punktzahl: 19   erreichte Punktzahl des Schülers

➡ Ab **15** erreichten Punkten kannst du zum nächsten Test übergehen.

Test 35 Dehnungen

Schwierigkeits-grad

A1 Entscheide, ob bei den Wörtern noch ein Dehnungs-h eingesetzt werden muss. 10
Achtung: 5 Wörter werden ohne Dehnungs-h geschrieben.

a) See____le

b) wä____len

c) bo____ren

d) rat____en

e) Fä____re

f) Ke____le

g) Säg____e

h) Mö____re

i) Beut____el

j) Blum____e

A2 Welche Version des Wortes ist richtig? Unterstreiche die richtige Schreibweise. 10

a) Sieb · Sib

b) Boot · Bot

c) Har · Haar

d) root · rot

e) nie · ni

f) Libe · Liebe

g) Broot · Brot

h) Frieden · Friden

i) Spil · Spiel

j) Saal · Sal

A3 Ergänze die fehlenden Lücken. 7

a) H____r scheint heute die Sonne.

b) Im M____r leben viele Fische.

c) Der Flo____ ist sehr klein.

d) Susanne hat lange H____re.

e) Das Kind ist krank, denn es hat F____ber.

f) Der Vater fä____rt mit dem Auto in die Stadt.

g) Im M____r ist es gruselig und nebelig.

oder:
www.schuelerhilfe.de
/gute-noten
CODE 3569

bearbeitet am _____ zu erreichende Punktzahl: 27 erreichte Punktzahl des Schülers _____

➡ Ab **22** erreichten Punkten kannst du zum nächsten Test übergehen.

LE 1: Rechtschreibung und Zeichensetzung

Test 36 — Dehnungen

Schwierigkeits-
grad

A1   **Ergänze in den folgenden Sätzen die fehlenden Lücken.**   10

a) Die Fl____ge l____bt den Sommer, weil es dann warm ist.

b) Ich fü____le mich h____r sehr wo____l.

c) Ich höre das neue L____d im Radio.

d) Tim gen____ßt das M____resrauschen beim Spaz____rgang am Strand.

e) Das Re____ste____t an der Lichtung, aber es ist se____r scheu.

f) Die Feuerwe____r löscht das Feuer schnell.

g) Ein Messer kann gefä____rlich sein.

h) Der Käse hat viele Löcher und ist deshalb von innen ho____l.

i) Die M____te wird jeden Monat teurer.

j) Das fl____ßt den Fluss bergab.

A2   **Welche Schreibweise ist richtig? Entscheide dich und streiche das falschgeschriebene Wort durch.**   10

a) Feuerwehrauto · Feuerwerauto

b) Probefart · Probefahrt

c) rufen · rufhen

d) Kühlschrank · Külschrank

e) Flüghel · Flügel

f) froh · fro

g) Nähmaschine · Nämaschine

h) Noot · Not

i) leer · ler

j) Bet · Beet

oder:
www.schuelerhilfe.de
/gute-noten
CODE   3569

bearbeitet am   zu erreichende Punktzahl: 20   erreichte Punktzahl des Schülers

➡ Ab **16** erreichten Punkten kannst du zum nächsten Test übergehen.

Test **37**   Silbentrennung

Schwierigkeits-grad ■ ■ ·

A1   **Wie viele Silben haben die Wörter? Schreibe die Zahl auf die Linie.**
Tipp: Klatschen beim Sprechen der Wörter kann dir helfen.

11

a) Frühling   (Anzahl der Silben: ....)

b) Esel   (Anzahl der Silben: ....)

c) Computer   (Anzahl der Silben: ....)

d) Tomate   (Anzahl der Silben: ....)

e) Kinder   (Anzahl der Silben: ....)

f) Baumhaus   (Anzahl der Silben: ....)

g) Frau   (Anzahl der Silben: ....)

h) Gabel   (Anzahl der Silben: ....)

i) Käfer   (Anzahl der Silben: ....)

j) Maus   (Anzahl der Silben: ....)

k) Sonne   (Anzahl der Silben: ....)

A2   **Trenne folgende Wörter, indem du zwischen den Silben einen**
Bindestrich (–) benutzt.

7

a) Hausboot   (Trennung: ....)

b) Dehnung   (Trennung: ....)

c) Schulklasse   (Trennung: ....)

d) Klassenarbeit   (Trennung: ....)

e) Autobahn   (Trennung: ....)

f) Mädchen   (Trennung: ....)

g) Frauen   (Trennung: ....)

oder:
www.schuelerhilfe.de
/gute-noten
CODE   9186

bearbeitet am [   ]   **zu erreichende Punktzahl: 18**   **erreichte Punktzahl des Schülers** [   ]

➡ Ab **14** erreichten Punkten kannst du zum nächsten Test übergehen.

Test 38   Silbentrennung

Schwierigkeits-grad

A1 Trage die Wörter nach ihren Silben getrennt in die Lücken ein.   10
Nutze Bindestriche (–) als Silbengrenzen.

Der _____ (Bauernhof)

Die _____ (Maus) wohnt in einem alten _____ (Bauernhaus).

Sie isst am liebsten _____ (Käse). Dieser liegt oft morgens nach dem Essen, der

Familie auf dem _____ (Frühstückstisch). Schnell klettert sie den Tisch

_____ (hinauf) und holt sich ein kleines Stück Käse.

Auf dem Hof leben auch zwei _____ (Hunde). Sie bewachen den Hof und

_____ (spielen) manchmal mit den Kindern und dem Ball. Das kommt aber nur vor,

wenn die Sonne _____ (scheint). Wenn es regnet, _____ (schlafen) sie.

A2 Welche Wörter sind in falsche Silben eingeteilt und welche Wörter wurden   14
richtig getrennt? Kreuze an. Berichtige außerdem die falsch getrennten Wörter.

	richtig	falsch	Richtige Trennung
Zahn-ar-zt	☐	☐	
wü-te-nd	☐	☐	
Te-le-fon	☐	☐	
putz-en	☐	☐	
ge-lb	☐	☐	
woh-nen	☐	☐	
Bus-fa-hrer	☐	☐	
Auto-bahn	☐	☐	

oder:
www.schuelerhilfe.de
/gute-noten
CODE   **9186**

bearbeitet am _____   zu erreichende Punktzahl: 24   erreichte Punktzahl des Schülers _____

➡ Ab **19** erreichten Punkten kannst du zum nächsten Test übergehen.

Test 39 Silbentrennung

Schwierigkeits-grad

A1 Wie viele Silben haben folgende Wörter? Schreibe die Zahl in Klammern dahinter. 20

a) Fisch (___)

b) wünschen (___)

c) Band (___)

d) Wolken (___)

e) hoch (___)

f) atmen (___)

g) schön (___)

h) Sonnenaufgang (___)

i) beobachten (___)

j) Hochhaus (___)

k) umkehren (___)

l) Hausaufgaben (___)

m) brauchbar (___)

n) blau (___)

o) spielen (___)

p) trocken (___)

q) arbeiten (___)

r) Stift (___)

s) Woche (___)

t) langweilig (___)

A2 Trenne folgende Wörter nach ihren Silben. Nutze dafür Bindestriche (–). 5

a) ehrlich (Trennung: _____)

b) Taschentuch (Trennung: _____)

c) natürlich (Trennung: _____)

d) Umwälzung (Trennung: _____)

e) Flitterwochen (Trennung: _____)

oder:
www.schuelerhilfe.de
/gute-noten
CODE 9186

bearbeitet am _____ zu erreichende Punktzahl: 25 erreichte Punktzahl des Schülers _____

➡ Ab **20** erreichten Punkten kannst du zum nächsten Test übergehen.

Test 40 Silbentrennung

Schwierigkeits-grad

A 1 **Trenne die Wörter in zwei Silben.** 20

a) Schule ....

b) Apfel ....

c) Kuchen ....

d) Zeitschrift ....

e) Auge ....

f) Waffel ....

g) Katze ....

h) Haustier ....

i) Mütze ....

j) Deutschland ....

k) Tafel ....

l) Locher ....

m) Auto ....

n) Lampe ....

o) Läufer ....

p) Tasse ....

q) Zettel ....

r) Notiz ....

s) Lippe ....

t) Birne ....

A 2 **Trenne die Wörter in drei Silben.** 14

a) Computer ....

b) Notizbuch ....

c) Wasserhahn ....

d) nachdenken ....

e) Ergebnis ....

f) Lichtschalter ....

g) Laterne ....

h) Telefon ....

i) herstellen ....

j) Sachbücher ....

k) Notizen ....

l) Kopfhörer ....

m) Steckdose ....

n) Pausenbrot ....

oder:
www.schuelerhilfe.de
/gute-noten
CODE 9186

bearbeitet am .... zu erreichende Punktzahl: 34 erreichte Punktzahl des Schülers ....

➡ Ab **27** erreichten Punkten kannst du zum nächsten Test übergehen.

Test **41**   Silbentrennung

Schwierigkeits-
grad

A1   **Trenne die Wörter in zwei oder drei Silben.**   20

a) Nachmittag ....

b) Flugzeug ....

c) machen ....

d) Busfahrer ....

e) Lautsprecher ....

f) Wasserhahn ....

g) Schulhof ....

h) lesen ....

i) Mäuse ....

j) England ....

k) Kontinent ....

l) Staubsauger ....

m) nachdenken ....

n) Beleuchtung ....

o) Feuerwehr ....

p) Pause ....

q) Roman ....

r) Lappen ....

s) Mutter ....

t) Dachgeschoss ....

A2   **Trenne die Wörter in vier Silben.**   14

a) Regenbogen ....

b) Hindernisse ....

c) Liebeskummer ....

d) Eselsbrücke ....

e) Rosenblätter ....

f) Radiergummi ....

g) Wasserflasche ....

h) Blumenvase ....

i) Kleiderschränke ....

j) Feuersteine ....

k) Zebrastreifen ....

l) Nadelwälder ....

m) Mäusefalle ....

n) Flugzeugflügel ....

oder:
www.schuelerhilfe.de
/gute-noten
CODE   9186

bearbeitet am   zu erreichende Punktzahl: 34   erreichte Punktzahl des Schülers

➡ Ab **27** erreichten Punkten kannst du zum nächsten Test übergehen.

Test **42**   Silbentrennung

Schwierigkeits-
grad ▮▮▮

A1 **Schreibe die Silbenanzahl hinter die Wörter.**   20

a) Pizza (......)

b) Flugzeugabsturz (......)

c) Fahne (......)

d) Höhle (......)

e) Bilderrahmen (......)

f) Textmarker (......)

g) Polizei (......)

h) Mathematik (......)

i) Zucker (......)

j) Geodreieck (......)

k) Wasserrutsche (......)

l) Bohrmaschine (......)

m) schwimmen (......)

n) lachen (......)

o) retten (......)

p) lieben (......)

q) stehlen (......)

r) Gummi (......)

s) Erfolg (......)

t) Telefonanschluss (......)

A2 **Ordne die Wörter nach der Anzahl ihrer Silben. Bei gleicher Anzahl sortiere**   16
nach dem Anfangsbuchstaben.

Fahrkartenautomat · Lokomotive · gehen · Karton · Ski · mutig · Investment · Reiniger ·
Dokumentation · Fensterrahmen · Angeln · See · Hausaufgabenbuch · Schultag ·
Hubschrauberlandeplatz · genießen

oder:
www.schuelerhilfe.de
/gute-noten
CODE   9186

bearbeitet am   zu erreichende Punktzahl: 36   erreichte Punktzahl des Schülers

➡ Ab **29** erreichten Punkten kannst du zum nächsten Test übergehen.

Test 43 — Zeichensetzung

Schwierigkeits-grad

A 1 **Fülle die Lücken mit den Wörtern.** 6

Komma · Fragezeichen · Punkt · Ausrufezeichen

Am Ende eines Satzes steht immer ein _____ Bei längeren Sätzen wird häufig ein

_____ benutzt, um die Haupt- und Nebensätze voneinander zu trennen.

Anders ist es bei einem _____. Es wird dazu verwendet um einem Satz besonderen

Nachdruck zu verleihen. Anders als das _____ und der _____ steht das

_____ am Ende einer Frage.

A 2 **Setze die passenden Satzzeichen an jedes Satzende.** 5

a) Darf ich Fußball spielen_____

b) Am Freitag habe ich bis 12 Uhr Schule_____

c) Hör auf damit_____

d) Wie spät gibt es Essen_____

e) Aua_____

A 3 **Kreuze den Satz mich dem richtigen Satzeichen an.** 6

a) ☐ Meine Schule ist hinter dem Berg.
☐ Meine Schule ist hinter dem Berg!
☐ Meine Schule ist hinter dem Berg?

b) ☐ Wie viele Tore hast du geschossen!
☐ Wie viele Tore hast du geschossen?
☐ Wie viele Tore hast du geschossen.

c) ☐ Am Freitag können wir in den Freizeitpark fahren?
☐ Am Freitag können wir in den Freizeitpark fahren.
☐ Am Freitag können wir in den Freizeitpark fahren!

d) ☐ Hurra?
☐ Hurra.
☐ Hurra!

e) ☐ Komm mit ich zeige dir mein Spielzeug!
☐ Komm mit, ich zeige dir mein Spielzeug.
☐ Komm mit, ich zeige dir mein Spielzeug?

f) ☐ Komm mit.
☐ Komm mit?
☐ Komm mit!

oder:
www.schuelerhilfe.de
/gute-noten
CODE 9257

bearbeitet am _____ zu erreichende Punktzahl: 17 erreichte Punktzahl des Schülers _____

➡ Ab **14** erreichten Punkten kannst du zum nächsten Test übergehen.

Test 44 **Zeichensetzung**

Schwierigkeits-grad

A1 **Fülle die Lücken mit folgenden Wörtern.** 8

Punkt · Komma · Fragezeichen · groß · klein

Bei einem längeren Satz trennt man Haupt- und Nebensätze mit einem _____ Nach einem Komma schreibt man das Wort _____. Nach einem Aussagesatz setzt man einen _____. Das Wort danach wird _____ geschrieben. Auch bei einer Frage mit einem _____ am Ende schreibt man das nächste Wort _____. Es wird also nur nach einem _____ weitergeschrieben.

A2 **Aufgabenstellung ändern zu: Ergänze die richtige Zeichensetzung (Punkt, Komma, Fragezeichen, Ausrufezeichen).** 10

a) Ist es möglich dass wir eine neue Lehrerin bekommen _____

b) Komm schon lass uns nach Hause gehen _____

c) Es ist nicht erlaubt die Enten im Park zu füttern _____

d) Au das tut mir weh _____

e) Nicht nur seine Beine sondern auch die Arme waren sehr lang _____

A3 **Kreuze den richtigen Satz an.** 5

a) ☐ Wenn es klingelt gehen die Schüler in ihren Klassenraum.
☐ Wenn es klingelt gehen die Schüler in ihren Klassenraum!
☐ Wenn es klingelt, gehen die Schüler in ihren Klassenraum.

b) ☐ An einem Tag haben wir Sportunterricht, nämlich am Freitag?
☐ An einem Tag haben wir Sportunterricht, nämlich am Freitag.
☐ An einem Tag haben wir Sportunterricht nämlich am Freitag.

c) ☐ Es ist möglich dass wir ein neues Haustier bekommen!
☐ Es ist möglich dass wir ein neues Haustier bekommen?
☐ Es ist möglich, dass wir ein neues Haustier bekommen.

d) ☐ Lieber Michael, ich wünsche dir ein schönes Wochenende.
☐ Lieber Michael, ich wünsche dir ein schönes Wochenende!
☐ Lieber Michael ich wünsche dir ein schönes Wochenende.

e) ☐ Alle wussten wann wir ein Diktat schreiben?
☐ Alle wussten, wann wir ein Diktat schreiben.
☐ Alle wussten wann wir ein Diktat schreiben.

oder:
www.schuelerhilfe.de
/gute-noten
CODE 9257

bearbeitet am _____   zu erreichende Punktzahl: 23   erreichte Punktzahl des Schülers _____

➡ Ab **18** erreichten Punkten kannst du zum nächsten Test übergehen.

Test 45 — Zeichensetzung

Schwierigkeits-
grad

A1 Setze das richtige Satzzeichen am Ende des Satzes ein. 6

a) Wohin fährst du mit deiner Familie in den Urlaub......

b) Hör jetzt auf mit dem Unfug......

c) Morgen soll die Sonne scheinen......

d) Pass auf......

e) Wann beginnt morgen die Schule......

f) Mein Vater arbeitet in einer Fabrik......

A2 Schreibe den Text mit richtiger Zeichensetzung ab. Achte auf Kommas! 9

am Samstag fahren wir auf eine Klassenfahrt ich bin schon sehr aufgeregt weil das meine erste Klassenfahrt ist aber zum Glück ist mein bester Freund dabei es wird bestimmt sehr spaßig doch am meisten freue ich mich auf den Spielplatz vielleicht gibt es ja eine Rutsche wir werden die Gegend kennenlernen und hoffentlich machen wir auch eine Wanderung im Wald wie das Wetter wohl wird

A3 Schreibe die Sätze mit richtigen Satzzeichen ab. Achte auf Kommas! 10

a) Am Wochenende soll es heiß werden deshalb fahren wir ins Schwimmbad

b) Wir brauchen ein Auto damit wir in den Urlaub fahren können

c) Ich habe Tim zu meinem Geburtstag eingeladen doch er ist nicht gekommen

d) Heute bleibe ich zu Hause weil ich krank bin

e) Er hat die ganze Nacht geschlafen doch er ist müde

f) Ich habe meine Hausaufgaben gemacht weil ich fleißig bin

g) Grenzen an Deutschland Länder wie Österreich Dänemark Frankreich oder die Schweiz

h) Rehe Igel und Hasen kann man häufig im Wald antreffen vor allem wenn es hell ist

i) Wenn ich groß bin möchte ich entweder Polizist Feuerwehrmann oder Bauarbeiter werden

j) Meine Freunde aus der Schule heißen Marcel Niclas Nina Celine und Mario aber am meisten mag ich Fina

oder:
www.schuelerhilfe.de
/gute-noten
CODE 9257

bearbeitet am   zu erreichende Punktzahl: 25   erreichte Punktzahl des Schülers

➡ Ab **20** erreichten Punkten kannst du zum nächsten Test übergehen.

Test 46 Zeichensetzung

Schwierigkeits-
grad

A1 Was sind Satzschlusszeichen? Ordne die verschiedenen
Satzschlusszeichen der Satzart zu. Schreibe diese in die vorgegebene Tabelle.

6

Ausrufezeichen · Fragesatz · Punkt · Fragezeichen · Ausrufesatz · Aussagesatz

Satzart	Satzschlusszeichen

A2 Hier sind zwei unterschiedliche Sätze. Bei einigen ist das Satzzeichen richtig.
Unterstreiche den richtigen Satz.

6

a) Wann gehen wir nach Hause?
   Wann gehen wir nach Hause.

b) Halt, da kommt ein Auto.
   Halt, da kommt ein Auto!

c) Diesen Sommer haben wir schönes Wetter!
   Diesen Sommer haben wir schönes Wetter.

d) Pass auf!
   Pass auf?

e) Am Wochenende könnten wir schwimmen gehen.
   Am Wochenende könnten wir schwimmen gehen!

f) Können wir ins Kino gehen.
   Können wir ins Kino gehen?

A3 Setze in den Sätzen alle Kommata und Satzschlusszeichen.

9

a) Der Zoo ist das Zuhause vieler Tierarten Mia sieht im Zoo besonders gerne die Elefanten
   Giraffen und die Löwen

b) Hallo wartet doch bitte auf mich

c) Können wir nicht alle zusammen einen Ausflug machen

d) Anna spielt Fußball Theo spielt Volleyball Marina spielt Handball und Tom
   spielt Badminton

oder:
www.schuelerhilfe.de
/gute-noten
CODE 9257

bearbeitet am   zu erreichende Punktzahl: 21   erreichte Punktzahl des Schülers

➡ Ab **17** erreichten Punkten kannst du zum nächsten Test übergehen.

Test 47 — **Zeichensetzung**

A1 **Kreuze die richtigen Regeln an.** 3

a) ☐ Die wörtliche Rede wird generell in Anführungszeichen („ ") gesetzt und besteht aus einem Begleitsatz und einem Redesatz.

b) ☐ Steht allerdings ein Begleitsatz vor dem Redesatz folgt nach dem Begleitsatz ein Doppelpunkt (:).

c) ☐ Ist ein Begleitsatz nach dem Redesatz vorhanden, werden diese durch ein Ausrufezeichen (!) voneinander getrennt.

d) ☐ Steht der Begleitsatz zwischen den beiden Redeteilen wird er erbenfalls durch zwei Kommata von den Redeteilen abgetrennt.

A2 **Ergänze in den Sprech- und Denkblasen die Satzzeichen.** 8
Schreibe nun einen Dialog zwischen der Frau und dem Mann auf.
Beachte dabei, dass man wissen muss, wer etwas sagt und was genau gesagt wird.

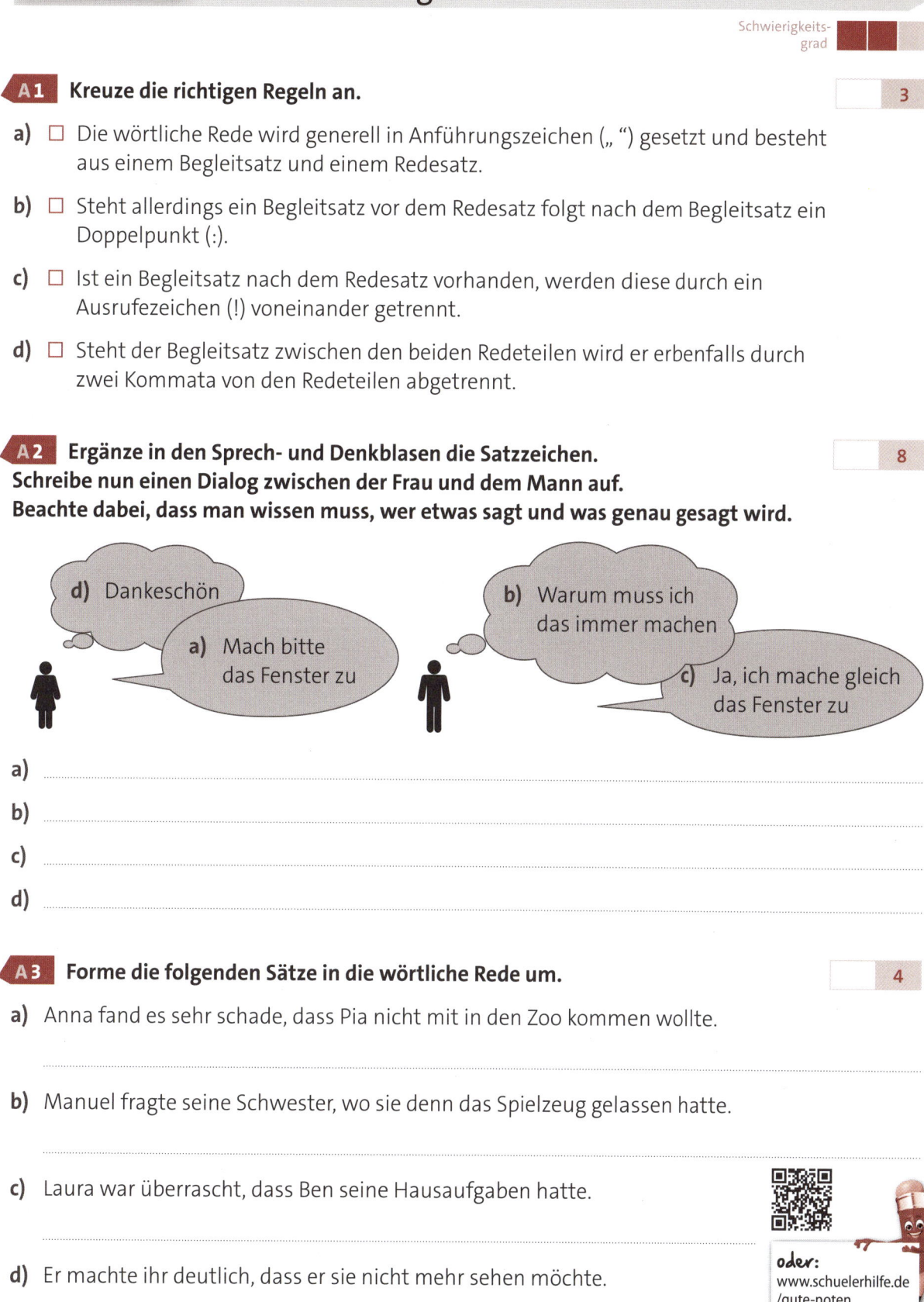

a) ....

b) ....

c) ....

d) ....

A3 **Forme die folgenden Sätze in die wörtliche Rede um.** 4

a) Anna fand es sehr schade, dass Pia nicht mit in den Zoo kommen wollte.

....

b) Manuel fragte seine Schwester, wo sie denn das Spielzeug gelassen hatte.

....

c) Laura war überrascht, dass Ben seine Hausaufgaben hatte.

....

d) Er machte ihr deutlich, dass er sie nicht mehr sehen möchte.

....

oder:
www.schuelerhilfe.de
/gute-noten
CODE 9257

bearbeitet am   **zu erreichende Punktzahl: 15**   **erreichte Punktzahl des Schülers**

➡ Ab **12** erreichten Punkten kannst du zum nächsten Test übergehen.

Test 48 — Zeichensetzung

Schwierigkeits-
grad

A1 Vor welchen Signalwörtern steht zwischen zwei Satzteilen ein Komma? | 7

a) aber

b) sondern

c) als

d) und

e) dass

f) weil

g) wenn

h) denn

i) oder

A2 Unterstreiche die Sätze ohne Zeichensetzungsfehler. | 6

a) Als wir zuhause ankamen, schrie Marie: „Ihh, eine Spinne!"
   Als wir zuhause ankamen schrie Marie: „Ihh, eine Spinne!"

b) Paul wollte nicht nach Hause gehen, sondern mit seinem Freund Felix spielen.
   Paul wollte nicht, nach Hause, gehen sondern mit seinem Freund Felix spielen.

c) Ich erinnerte mich daran dass du krank gewesen bist.
   Ich erinnerte mich daran, dass du krank gewesen bist.

d) Heute gab es kein Eis für Jana.
   Heute, gab es kein Eis für Jana.

e) Kim fragte Ina überrascht, „Was hast du denn da in der Hand?"
   Kim fragte Ina überrascht: „Was hast du denn da in der Hand?"

f) Wenn ich heute, nicht lerne schaffe ich die Klausur morgen nicht.
   Wenn ich heute nicht lerne, schaffe ich die Klausur morgen nicht.

A3 Hier ist alles in großen Buchstaben geschrieben und ohne Satzzeichen. Schreibe die Sätze in richtiger Rechtschreibung und Zeichensetzung auf die Linien. Beachte dabei, dass auch wörtliche Rede vorhanden sein kann. | 4

a) HEUTE GAB ES KEIN BROT WEIL DEM BÄCKER DAS MEHL FEHLTE

....

b) ICH WERDE HEUTE NOCH DIE WOHNUNG AUFRÄUMEN ANTWORTETE TINA UND DANN IN
   DEN URLAUB FAHREN

....

c) ZU EINEM RICHTIGEN ZOO GEHÖREN AFFEN GIRAFFEN LÖWEN UND ZEBRAS ERKLÄRTE TIMO
   SEINER MUTTER

....

d) MEIN BRUDER HÜPFTE MEINE MUTTER GING UND ICH SANG MEIN
   LIEBLINGSLIED DENN HEUTE WAR EIN GUTER TAG

....

oder:
www.schuelerhilfe.de
/gute-noten
CODE 9257

bearbeitet am | zu erreichende Punktzahl: 17 | erreichte Punktzahl des Schülers

➡ Ab **14** erreichten Punkten kannst du zum nächsten Test übergehen.

Grammatik

Test 49   Die Wortarten

Schwierigkeits-
grad

A1   **Für manche Wortarten gibt es mehrere Umschreibungen. Kreuze die jeweils**   9
passenden Umschreibungen an. Manchmal treffen auch mehrere Möglichkeiten zu.

a) Substantiv ☐ Hauptwort ☐ Nomen ☐ Namenswort ☐ Ausrufewort

b) Artikel ☐ Begleiter ☐ „Tuwort" ☐ Zahlwort ☐ Empfindungswort

c) Verb ☐ „Tuwort" ☐ Umstandswort ☐ Tätigkeitswort ☐ Zeitwort

d) Adjektiv ☐ Eigenschaftswort ☐ Verhältniswort ☐ „Wiewort" ☐ „Tuwort"

A2   **Sortiere die folgenden Wörter in die zutreffende Kategorie ein.**   6

HAUS · DACH · LACHEN · BUNT · SCHÖN · GEHEN

Substantive	Verben	Adjektive

A3   **Markiere in den folgenden Sätzen alle Nomen.**   16

Heute fiel die Schule aus, weil es eine Unwetterwarnung gab. Es hat den ganzen
Tag geregnet. Der Regen war so stark, dass in unserer Straße ein Bach entstanden
ist. Der Garten wurde auch komplett überschwemmt. Der Keller ist zum Glück
trocken geblieben. Meine Mutter war sehr erbost über das Unwetter, weil sie im
Garten frische Rosensamen gesät hatte und sie nun alle weggeschwemmt
waren. Mein Vater nahm die Katastrophe gelassen, denn er hatte seine Garage
wasserdicht gemacht.

oder:
www.schuelerhilfe.de
/gute-noten
CODE   1993

bearbeitet am   zu erreichende Punktzahl 31   erreichte Punktzahl des Schülers

➤ Ab **25** erreichten Punkten kannst du zum nächsten Test übergehen.

Test 50 — Die Wortarten

Schwierigkeits-
grad

A1 Verbinde die jeweilige Wortart mit dem passenden Beispiel. | 11

a) Verb

b) Adjektiv

c) Nomen

d) Adverb

e) Präposition

f) Partikel

g) Artikel

h) Pronomen

i) Interjektion

j) Konjunktion

k) Numerale

bei

oft

„aua!"

„ja!"

spielen

dadurch

er

langweilig

der

Hut

drei

A2 Bestimme alle Wortarten in dem folgenden Satz. | 12

Der junge Mann gab dem Musiker zwei Euro, weil er schön spielte.

a) Nomen

b) Artikel

c) Verben

d) Adjektive

e) Zahlwörter

f) Konjunktion

g) Pronomen

oder:
www.schuelerhilfe.de
/gute-noten
CODE 1993

bearbeitet am   zu erreichende Punktzahl: 23   erreichte Punktzahl des Schülers

➡ Ab **18** erreichten Punkten kannst du zum nächsten Test übergehen.

Test 51   Die Wortarten

Schwierigkeits-
grad

A1   **Für manche Wortarten gibt es mehrere Umschreibungen. Kreuze die jeweils passenden Umschreibungen an. Manchmal treffen auch mehrere Möglichkeiten zu.**

`9`

a) Adverb
- ☐ Umstandswort
- ☐ Stellvertreter
- ☐ Eigenschaftswort
- ☐ Begleiter

b) Pronomen
- ☐ Umstandswort
- ☐ „Tuwort"
- ☐ „Fürwort"
- ☐ Stellvertreter

c) Präposition
- ☐ Empfindungswort
- ☐ Verhältniswort
- ☐ Bindewort
- ☐ Umstandswort

d) Konjunktion
- ☐ Begleiter
- ☐ Umstandswort
- ☐ Bindewort
- ☐ Tätigkeitswort

e) Numerale
- ☐ Zahlwort
- ☐ Zahladjektiv
- ☐ Verhältniswort
- ☐ Nomen

f) Interjektion
- ☐ Eigenschaftswort
- ☐ Ausrufewort
- ☐ Empfindungswort
- ☐ „Fürwort"

A2   **Welche Wortart wird immer großgeschrieben?**

`1`

....

A3   **Markiere in den folgenden Sätzen alle Wörter, die zu der Wortart „Verben" gehören und schreibe sie in ihrer Grundform auf.**

`5`

a) Weil es in Strömen regnete, fuhr er heute mit dem Auto in die Stadt.

....

b) Tom hat viele Hobbies: Er mag es Bücher zu lesen und trifft sich gern mit Freunden.

....

oder:
www.schuelerhilfe.de
/gute-noten
CODE   **1993**

bearbeitet am   **zu erreichende Punktzahl: 15**   **erreichte Punktzahl des Schülers**

➡ Ab **12** erreichten Punkten kannst du zum nächsten Test übergehen.

LE 2: Grammatik

Test 52 — Die Wortarten

Schwierigkeits-
grad

A1 Entscheide, ob es sich bei den Wörtern um ein Nomen (n), Adjektiv (a) oder Verb (v) handelt und schreibe es in die Lücke. 20

a) laufen ....

b) Spiel ....

c) spielen ....

d) Ball ....

e) schön ....

f) gelb ....

g) heiß ....

h) trinken ....

i) machen ....

j) Tisch

k) Zettel ....

l) warm ....

m) lang ....

n) Buch ....

o) Hund ....

p) Schule ....

q) tief ....

r) lecker ....

s) schreiben ....

t) sitzen

A2 Schreibe auf, um welche Wortarten es sich handelt. 10

Beispiel

Eine schöne Blume ➡ Artikel, Adjektiv, Nomen

a) Ein neues Auto. ....

b) Der Mann läuft schnell. ....

c) Die Frau schwimmt langsam. ....

d) Der Hund schläft lange. ....

e) Die Musik ist laut. ....

f) Die Sonne ist hell. ....

g) Mach deine Hausaufgaben. ....

h) Das Essen ist heiß. ....

i) Das Buch ist dick. ....

j) Schmeckt es dir? ....

oder:
www.schuelerhilfe.de
/gute-noten
CODE 1993

bearbeitet am ....   zu erreichende Punktzahl: 30   erreichte Punktzahl des Schülers ....

➡ Ab **24** erreichten Punkten kannst du zum nächsten Test übergehen.

Test 53 — Die Wortarten

Schwierigkeits-
grad

A1 Bestimme die unterstrichenen Wortarten.   10

a) Klaus <u>spielt</u> auf dem Klavier. ....

b) Du hast aber eine <u>schöne</u> Jacke. ....

c) Der <u>Hund</u> ist groß. ....

d) Das Auto fährt sehr <u>schnell</u>. ....

e) Wo sind <u>meine</u> Schuhe? ....

f) Ich bin <u>in</u> der Schule. ....

g) Marie <u>liest</u> ein Buch. ....

h) Pass gut auf deine <u>Schwester</u> auf. ....

i) Möchtest du diesen <u>Pullover</u> haben? ....

j) Ich bin <u>gegen</u> die neue Verordnung. ....

A2 Entscheide ob es sich um Adjektive oder Verben handelt.   20

laufen · lernen · klein · rot · heiß · hüpfen · rennen · riesig · sitzen · grün ·
fragen · dunkel · wachsen · klettern · lang · laut · malen · schnell · blicken ·
stark · groß

Adjektive	Verben

A3 Ordne den Buchstaben die zugehörige Ziffer zu.   6

a) tief ➡ .... **1)** Verb

b) Tafel ➡ .... **2)** Numeral

c) löschen ➡ .... **3)** Präposition

d) ein ➡ .... **4)** Nomen

e) im ➡ .... **5)** Artikel

f) Eins ➡ .... **6)** Adjektiv

oder:
www.schuelerhilfe.de
/gute-noten
CODE 1993

bearbeitet am .... zu erreichende Punktzahl: 36 erreichte Punktzahl des Schülers ....

➡ Ab **29** erreichten Punkten kannst du zum nächsten Test übergehen.

Test 54 Die Wortarten

Schwierigkeits-grad

A1 Bestimme die unterstrichenen Wortarten. 10

a) <u>Dein</u> Outfit gefällt mir. _____

b) Heute soll es sehr <u>warm</u> werden. _____

c) <u>Heute</u> muss ich nicht zur Schule. _____

d) Gib dem Hund seinen <u>Knochen</u>. _____

e) Julia <u>backt</u> einen Kuchen. _____

f) Er liest <u>eine</u> Zeitung. _____

g) <u>Rote</u> Rosen blühen im Garten. _____

h) Ich warte <u>seit</u> einer halben Stunde. _____

i) Die <u>Flasche</u> ist leer. _____

j) <u>Bei</u> einer Aufgabe bin ich mir nicht sicher. _____

A2 Schreibe auf, um welche Wortarten es sich handelt. 10

a) Wir spielen ein Spiel. _____

b) Eine schöne Blume. _____

c) Sie liest ein Buch. _____

d) Die Hunde sind groß. _____

e) Er hat große Füße. _____

f) Ich mag dich. _____

g) Seit acht Uhr. _____

h) Er kauft ein Auto. _____

i) Das Kind weint. _____

j) Tom spielt Ball. _____

oder:
www.schuelerhilfe.de
/gute-noten
CODE **1993**

bearbeitet am _____ zu erreichende Punktzahl: 20 erreichte Punktzahl des Schülers _____

➡ Ab **16** erreichten Punkten kannst du zum nächsten Test übergehen.

Test 55 Die Artikel

Schwierigkeits-
grad

A1 Ordne den Wörtern die bestimmten (der, die, das) und unbestimmten (ein, eine) Artikel zu. Die Wörter stehen alle in der Einzahl!

38

Bestimmter Artikel	Unbestimmter Artikel	
das	ein	Mädchen
		Junge
		Welt
		Stadt
		Bus
		Hund
		Bett
		Schuh
		Geburtstag
		Glas
		Blume
		Pizza
		Polizeihund
		Vogel
		Eis
		Stift
		Fenster
		Ball
		Sommerkleid
		Licht

bearbeitet am   zu erreichende Punktzahl: 38   erreichte Punktzahl des Schülers

➡ Ab **30** erreichten Punkten kannst du zum nächsten Test übergehen.

Test 56 — Die Artikel

Schwierigkeits-grad

A1 Schreibe den passenden Artikel in die Lücke des Satzes.   14

a) Papa hat mir gestern _____ neues Fahrrad gekauft.

b) _____ Fußball, mit dem wir spielen ist rund.

c) Lina kennt _____ Lied bereits aus dem Radio auswendig.

d) Jerry ist _____ Maus.

e) Tom ist _____ Kater.

f) _____ Kaffee auf dem Tisch ist sehr heiß.

g) Anna ist _____ beste Schülerin in der Klasse.

h) Daniel hat in Mathe _____ Eins geschrieben.

i) _____ Urlaub war toll.

j) Mein Vater kocht _____ leckerste Essen.

k) Heute ist _____ Wetter schön.

l) Wir schreiben morgen _____ Test.

m) Mit _____ Stift kann ich besser schreiben.

n) Mein Vater fährt mit _____ Auto zur Arbeit.

A2 Fülle folgenden Lückentest.   1

Wörter mit einem Artikel werden immer _____ geschrieben.

oder:
www.schuelerhilfe.de
/gute-noten
CODE 4089

bearbeitet am _____   zu erreichende Punktzahl: 15   erreichte Punktzahl des Schülers _____

➡ Ab **12** erreichten Punkten kannst du zum nächsten Test übergehen.

LE 2: Grammatik

Test 57 — Die Artikel

Schwierigkeits-
grad ■ ■ ■

A1 **Welche Artikel kennst du? Fülle sie in diese Tabelle.** 6

	Männlich	Weiblich	Neutral
Bestimmter Artikel			
Unbestimmter Artikel			

A2 **Vervollständige den Lückentext mit den passenden Artikeln.** 24

.... toller Sommertag

Heute ist .... sonniger Tag. Darum geht Sonja mit .... Schwester von Tobi in .... Freibad um die Ecke. .... macht immer sehr viel Spaß. Wir holen uns immer .... großes Eis bei .... netten Frau in .... blauen Kleid. Die Frau ist immer sehr nett zu uns. Manchmal dürfen wir uns dazu noch .... Gummitier aussuchen. Wenn .... Eis aufgegessen ist, gehen wir immer schnell zurück in .... kühle Wasser. .... tut bei .... Wärme immer richtig gut. .... anderen Kinder kreischen vor Freude. Sonja hört .... kleines Mädchen weinen, ... Biene hat sie gestochen. Doch .... Pflaster mit süßen Tieren tröstet .... Mädchen. Kurz darauf ist .... Tag im Freibad schon zu Ende. .... langer Tag im Freibad macht immer sehr müde. Abends fällt Sonja müde in .... Bett. .... Träume nach so einem Tag sind immer .... besten. Sonja freut sich schon auf .... nächstes Mal im Freibad.

oder:
www.schuelerhilfe.de
/gute-noten
CODE 4089

bearbeitet am ....   zu erreichende Punktzahl: 30   erreichte Punktzahl des Schülers ....

➡ Ab **24** erreichten Punkten kannst du zum nächsten Test übergehen.

© ZGS Bildungs-GmbH   *Deutsch 3/4* • 63

Test **58**   Die Artikel

Schwierigkeits-
grad

A1   Heißt es „ein" oder „eine"? Setze den richtigen unbestimmten Artikel ein.   10

a) .... Katze   f) .... Hund

b) .... Auto   g) .... Kuchen

c) .... Buch   h) .... Kirche

d) .... Flasche   i) .... Schule

e) .... Spiegel   j) .... Affe

A2   Setze folgende Artikel in die passenden Lücke vor dem Nomen.   6

die · der · die · das · das · der

a) .... Schokolade

b) .... Haus

c) .... Zeitung

d) .... Mann

e) .... Auto

f) .... Sommer

A3   Sind die Artikel richtig oder nicht? Kreuze an.   8

	richtig	falsch
der Stift	☐	☐
der Hund	☐	☐
das Rübe	☐	☐
die Gurke	☐	☐
die Apfel	☐	☐
der Sonne	☐	☐
die Mond	☐	☐
die Uhr	☐	☐

oder:
www.schuelerhilfe.de
/gute-noten
CODE   4089

bearbeitet am   zu erreichende Punktzahl: 24   erreichte Punktzahl des Schülers

➡ Ab **19** erreichten Punkten kannst du zum nächsten Test übergehen.

Test 59   Die Artikel

Schwierigkeits-
grad

A1   Trage die Wörter in die Spalte der zugehörigen Artikel.   21

Kirche · Auto · Stuhl · Katze · Hund · Foto · Bild · Uhr · Buch · Ameise ·
Schere · Pinsel · Blatt · Baum · Fahrrad · Wasser · Tee · Lampe · Bademantel ·
Knopf · Vogelscheuche

der	die	das

A2   Welcher unbestimmte Artikel (ein oder eine) ist richtig? Setze ein.   11

a) .... Auto

b) .... Schule

c) .... Mütze

d) .... Feuerwehrmann

e) .... Suppe

f) .... Seife

g) .... Mappe

h) .... Stift

i) .... Schwester

j) .... Bruder

k) .... Lied

oder:
www.schuelerhilfe.de
/gute-noten
CODE   4089

bearbeitet am   **zu erreichende Punktzahl: 32**   **erreichte Punktzahl des Schülers**

➧ Ab **26** erreichten Punkten kannst du zum nächsten Test übergehen.

Test **60**   Die Artikel

Schwierigkeits-
grad ■ ■ ■

A1   **Trage den bestimmten Artikel in die Lücke vor das Wort.**   `7`

a) .... Auto

b) .... Sommer

c) .... Sonne

d) .... Strand

e) .... Kirche

f) .... Glocke

g) .... Handtuch

A2   **In diesem Text wurden die Artikel vergessen. Setze sie ein.**   `13`

In .... Etui gibt es viele Gegenstände. Jedes Kind hat .... Bleistift, ... Schere,

.... Füller, ... Klebestift und viele Buntstifte. Auch .... Block mit Papier darf

nicht fehlen. Zum Basteln benutzt Leonie .... rote Schere und .... Klebestift aus ihrem

Etui. Aufsätze schreibt sie mit .... grünen Stift auf .... Blatt Papier. Wenn man etwas

vergessen hat, kann man immer .... Lehrerin oder .... Mitschüler fragen, ob man sich

.... Gegenstände leihen darf.

A3   **Welchen unbestimmten Artikel benutzt man?**   `8`
Ordne die Wörter in die Tabelle ein.

Seite · Sanduhr · Sonnenblume · Wachmann · Feuerwerk · Kissen · Dusche · Sonnenbrand

ein	eine

bearbeitet am   zu erreichende Punktzahl: 28   erreichte Punktzahl des Schülers

➡ Ab **22** erreichten Punkten kannst du zum nächsten Test übergehen.

LE 2: Grammatik

Test **61** Singular und Plural

Schwierigkeits-
grad

A1 Schreibe hinter die Wörter, ob es sich um Einzahl (E) oder Mehrzahl (M) handelt. 20

a) Die Häuser (___)

b) Der Baum (___)

c) Die Mädchen (___)

d) Die Mutter (___)

e) Das Auto (___)

f) Die Blume (___)

g) Die Vögel (___)

h) Der Park (___)

i) Die Betten (___)

j) Die Schuhe (___)

k) Das Foto (___)

l) Das Buch (___)

m) Die Kerzen (___)

n) Die Türme (___)

o) Die Maus (___)

p) Die Kühe (___)

q) Die Tasche (___)

r) Der Weg (___)

s) Die Messer (___)

t) Die Hocker (___)

A2 Schreibe den Plural der Wörter in die Tabelle. Denke an den bestimmten Artikel! 6

Einzahl (Singular)	Mehrzahl (Plural)
der Hund	
die Katze	
der Fuchs	
das Bett	
die Uhr	
der Wecker	

oder:
www.schuelerhilfe.de
/gute-noten
CODE 4710

bearbeitet am _____   zu erreichende Punktzahl: 26   erreichte Punktzahl des Schülers _____

➡ Ab **21** erreichten Punkten kannst du zum nächsten Test übergehen.

© ZGS Bildungs-GmbH

Deutsch 3/4 ▪ 67

Test 62   Singular und Plural

Schwierigkeits-
grad

A1   **Schreibe den Plural der Wörter in die Tabelle. Denke an den bestimmten Artikel!**   14

Einzahl (Singular)	Mehrzahl (Plural)
der Frosch	
das Herz	
das Küken	
der Berg	
das Tor	
der Held	
die Hose	
der Fuß	
der Kopf	
das Glas	
der Schrank	
die Laus	
die Mutter	
der Hocker	

A2   **Wie wird der Plural gebildet? Ordne die Wörter folgender Tabelle zu.**   10
Schreibe sie in die jeweilige Spalte im SIngular.

Baby · Mensch · Hund · Kind · Hase · Pferd · Tante · Haus · Auto · Bett

Mehrzahlbildung mit -er	
Mehrzahlbildung mit -en	
Mehrzahlbildung mit -s	
Mehrzahlbildung mit -e	
Mehrzahlbildung mit -n	

oder:
www.schuelerhilfe.de
/gute-noten
CODE   4710

bearbeitet am   zu erreichende Punktzahl: 24   erreichte Punktzahl des Schülers

➡ Ab **19** erreichten Punkten kannst du zum nächsten Test übergehen.

Test **63**   Singular und Plural

Schwierigkeits-
grad

A1   **Wandel das Nomen in den Sätzen vom Singular in den Plural um.**   10

a) Das Mädchen spielt Fußball. ....

b) Die Blume ist schön. ....

c) Ich sehe den Bus schon. ....

d) Jan ärgert das Mädchen. ....

e) Sarah hat blondes Haar. ....

f) Die Katze fängt Mäuse, ...

g) Das Haus ist groß. ....

h) Pias Hose ist blau. ....

i) Der Hund geht gerne ins Wasser. ....

j) Die Pizza schmeckt sehr lecker. ....

A2   **Welche Wörter gibt es nur im Singular (S), welche nur im Plural (P)?**   6
Schreibe die Abkürzung in die Klammern dahinter.

a) Eltern (.....)

b) Glück (.....)

c) Milch (.....)

d) Geschwister (.....)

e) Leute (.....)

f) Liebe (.....)

oder:
www.schuelerhilfe.de
/gute-noten
CODE   4710

bearbeitet am   zu erreichende Punktzahl: **16**   erreichte Punktzahl des Schülers

➥ Ab **13** erreichten Punkten kannst du zum nächsten Test übergehen.

Test **64**   Singular und Plural

Schwierigkeits-
grad

A 1   Ergänze in der Tabelle die fehlenden Lücken.   5

Einzahl (Singular)	Mehrzahl (Plural)
der Hund	.... Hunde
die Katze	die ....
.... Haus	die Häuser
die Flasche	die ....
das Auto	.... Autos

A 2   Was siehst du auf den Bildern? Schreibe die Nomen mit dem bestimmten   4
Artikel auf.

a)    b)    c)    d)

A 3   Singular (S) oder Plural (P)? Trage die Abkürzung in die Lücken   5
hinter das Nomen.

a) die Hunde (......)

b) der Fuchs (......)

c) die Kinder (......)

d) die Eltern (......)

e) der Tisch (......)

bearbeitet am   zu erreichende Punktzahl: 20   erreichte Punktzahl des Schülers

➡ Ab **16** erreichten Punkten kannst du zum nächsten Test übergehen.

Test **65**   Singular und Plural

Schwierigkeits- grad

A1   In jedem Satz ist ein Nomen nicht in der richtigen Anzahl geschrieben. Finde den Fehler und verbessere ihn, indem du den Satz noch einmal korrekt aufschreibst.

5

a) Die Auto fahren sehr schnell.

....

b) Mein Hund liebt die Ball.

....

c) Die Bus bringen die Kinder zur Schule.

....

d) Ich lese die Buch über Harry Potter.

....

e) Die Bruder meiner Freundin sind nett.

....

A2   Sind die Nomen im Singular oder Plural? Trage sie mit dem bestimmten Artikel in die richtige Spalte.

10

a) Blumen

b) Stift

c) Gabel

d) Buch

e) Wolke

f) Hunde

g) Schulen

h) Ball

i) Kerzen

j) Schuhe

Einzahl (Singular)	Mehrzahl (Plural)

oder:
www.schuelerhilfe.de
/gute-noten
CODE   4710

bearbeitet am   zu erreichende Punktzahl: 15   erreichte Punktzahl des Schülers

➡ Ab **12** erreichten Punkten kannst du zum nächsten Test übergehen.

Test 66   Singular und Plural

Schwierigkeits-grad

A 1   **Vervollständige die Tabelle.**   7

Singular	Plural
	die Häuser
die Katze	
der Bus	
	die Kissen
der Topf	
die Tasche	
	die Vögel

A 2   **Welche der beiden Versionen ist die richtige Pluralform für das Nomen? Kreuze an.**   6

a) ☐ die Häuser   ☐ die Hauser   d) ☐ die Hende   ☐ die Hände

b) ☐ die Bären   ☐ die Beren   e) ☐ die Bücher   ☐ die Bücha

c) ☐ die Tassen   ☐ die Tässen   f) ☐ die Täller   ☐ die Teller

A 3   **Ergänze die fehlenden Artikel.**   6

a) der Bademantel   ➡   .... Bademäntel

b) die Pfanne   ➡   .... Pfannen

c) der Schulbus   ➡   .... Schulbusse

d) der Brief   ➡   .... Briefe

e) die Uhr   ➡   .... Uhren

f) das Auto   ➡   .... Autos

oder:
www.schuelerhilfe.de
/gute-noten
CODE   4710

---

bearbeitet am   zu erreichende Punktzahl: 19   erreichte Punktzahl des Schülers

➡ Ab **15** erreichten Punkten kannst du zum nächsten Test übergehen.

Test **67** Vokale und Konsonanten

Schwierigkeits-
grad

A1 **Setze die fehlenden Vokale in die Wörter ein.** 7

a) Auf dem See habe ich eine Ent...... gesehen.

b) Gestern lief ein Ig......l durch unseren Garten.

c) Wir haben ganz viele Blum......n in unserem Garten.

d) Unser H......nd ist schwarz.

e) Die S......nne schien gestern den ganzen Tag.

f) Morgen habe ich nur bis um 12 Uhr Sch......le.

g) Letzte Nacht hat man den M......nd gesehen.

A2 **Setze die fehlenden Konsonanten in die Wörter ein.** 7

a) Mein k......eine...... Bruder geht noch in den Kindergarten.

b) Heute ......ah......en wir in den Zoo.

c) Das Wette...... ist schön.

d) Nächste Woche schreiben wir ein Di......ta......

e) Ich s......ie......e gerne Fußball.

f) Tom ist mein bester F......eun......

g) Im Sommer gehe ich jedes Wochenende sch......immen.

A3 **Löse das Rätsel und setze die passenden Vokale oder Konsonanten ein.** 4

a) Mit mir kann man über das Wasser fahren: ......o......

b) Ich wachse ich manchen Gärten: R......s......

c) Häufig trifft man mich im Zoo: ......we

d) Mich gibt es nur im Winter wenn es sehr kalt ist: ......c......ne......

bearbeitet am zu erreichende Punktzahl: 18 erreichte Punktzahl des Schülers

➤ Ab **14** erreichten Punkten kannst du zum nächsten Test übergehen.

Test 68 Vokale und Konsonanten

Schwierigkeits-
grad

A1 **Setze die fehlenden Vokale oder Konsonanten in die Wörter ein.** 6

a) Am S____am____ta____ treffe ich mich mit Tom.

b) Letzte W____che habe ich einen Löwen im Z____o gesehen.

c) Aus einer ____upe wird ein Schmet____erlin____.

d) In der Sch____le kriegen wir viele B____cher.

e) M____in Lieblingsessen ist die P____zza.

f) Ich ____le gerne Bil____er.

A2 **Kreuze an, ob das Wort mit einem Vokal oder Konsonanten anfängt.** 8

	Vokal	Konsonant
Eichhörnchen	☐	☐
Bett	☐	☐
Wald	☐	☐
Ostern	☐	☐
Schulbuch	☐	☐
Igel	☐	☐
Raupe	☐	☐
Hund	☐	☐

A3 **Löse das Rätsel und setze die passenden Vokale oder Konsonanten ein.** 4

a) Mich kann man in vielen Restaurants bestellen: ____z____a

b) Ich lebe im Wald: H____r____ch

c) Man benutzt mich, um etwas zu notieren: ____if____

d) Häufig liest man mich in der Schule: ____u____h

oder:
www.schuelerhilfe.de
/gute-noten
CODE 5689

bearbeitet am _____ **zu erreichende Punktzahl: 18** erreichte Punktzahl des Schülers _____

➤ Ab **14** erreichten Punkten kannst du zum nächsten Test übergehen.

Test 69   Vokale und Konsonanten

Schwierigkeits-
grad

A1   Setze die fehlenden Buchstaben ein.   10

a) Br__t__hen   f) St____ft

b) H____nd   g) K____tz____

c) Sch____le   h) B____cker

d) S____m____er   i) W____nt____r

e) Wa____s____r   j) Fis____he

A2   Welche Wörter aus Aufgabe 1 gehören zusammen?   5
Schreibe die Buchstaben in die Lücke.

1. Wortpaar: **a)** und ....

2. Wortpaar: **b)** und ....

3. Wortpaar: **c)** und ....

4. Wortpaar: **d)** und ....

5. Wortpaar: **e)** und ....

A3   Kreuze an, ob das Wort mit *ie* oder *ih* geschrieben wird.   8

	ie	ih
galopp_ren	☐	☐
r_sig	☐	☐
le_en	☐	☐
schw_rig	☐	☐
Re_e	☐	☐
verz_hen	☐	☐
B_ne	☐	☐
Zw_bel	☐	☐

oder:
www.schuelerhilfe.de
/gute-noten
CODE   5689

bearbeitet am ____   zu erreichende Punktzahl: 23   erreichte Punktzahl des Schülers ____

➤ Ab **18** erreichten Punkten kannst du zum nächsten Test übergehen.

© ZGS Bildungs-GmbH   Deutsch 3/4 • 75

Test 70   Vokale und Konsonanten

Schwierigkeits-
grad

A1   **Was gibt es für Vokale (Selbstlaute). Kreise die richtige Antwort ein.**   5

h		o		s		b		p		a		i
	k		f		e		t		r		y	
m		w		l		u		d		j		p

A2   **Es gibt auch ein paar besondere Buchstaben. Sie nennen sich die Umlaute.**   12
Ordne für jeden Umlaut zwei Beispiele zu und trage die fehlenden Buchstaben ein.

ä · ö · ü

R____der

S____hne

T____ne

Fr____chte

Schr____nke

k____rzen

A3   **Für jeden Umlaut sind zwei Beispiele angeben.**   8
Trage die fehlenden Buchstaben ein.

a) a ➡ der M____s, das W____senkind

b) ei ➡ das Kl____d, h____ß

c) äu ➡ die H____ser, die Tr____me

d) eu ➡ die ____le, l____chten

oder:
www.schuelerhilfe.de
/gute-noten
CODE   5689

bearbeitet am   zu erreichende Punktzahl: 25   erreichte Punktzahl des Schülers

➡ Ab **20** erreichten Punkten kannst du zum nächsten Test übergehen.

Test 71 ▸ Vokale und Konsonanten

Schwierigkeits-grad

A1 Fülle die Lücken aus. Es wird entweder ein einfacher oder ein verdoppelter Konsonant (Mitlaut) gesucht. | 20

a) re_____nen *(g/gg)*

b) hau_____enweise *(f/ff)*

c) die Ri_____e *(l/ll)*

d) rü_____eln *(t/tt)*

e) die Kuh_____ilch *(m/mm)*

f) das Geschi_____ *(r/rr)*

g) bu_____eln *(d/dd)*

h) der Ka_____on *(n/nn)*

i) die Li_____e *(p/pp)*

j) das Pa_____ier *(p/pp)*

k) su_____en *(m/mm)*

l) die Ro_____e *(b/bb)*

m) jo_____en *(g/gg)*

n) blei_____en *(b/bb)*

o) die Kin_____er *(d/dd)*

p) dü_____ *(n/nn)*

q) der Ba_____t *(r/rr)*

r) der Bü_____el *(f/ff)*

s) die Marme_____ade *(l/ll)*

t) der Rei_____er *(t/tt)*

A2 Der Vokal i kann entweder alleine stehen oder mit dem Vokal e gedehnt werden. Dann wird das Wort lang ausgesprochen. Fülle die Lücken mit dem i oder dem ie. | 10

a) die Apfels_____ne

b) der Kr_____g

c) das K_____no

d) die Pr_____mel

e) l_____b

f) das Augenl_____d

g) die L_____der

h) die Margar_____ne

i) t_____f

j) die B_____nen

A3 Unterstreiche in den Sätzen die Vokale. | 8

a) Der Sommer neigt sich dem Ende zu und der Herbst beginnt.

b) Wenn es nicht regnen würde, würde ich jetzt draußen mit dem Ball spielen.

c) Der Bus hatte Verspätung.

d) Mein Hund trägt ein rotes Halsband.

e) Der beste Freund von Paula hatte eine Erkältung.

f) Die Blumen haben Knospen bekommen.

g) England hat eine Königin.

h) Das Krankenhaus war überfüllt von kranken Menschen.

oder:
www.schuelerhilfe.de
/gute-noten
CODE 5689

bearbeitet am _____   zu erreichende Punktzahl: 38   erreichte Punktzahl des Schülers _____

➡ Ab **30** erreichten Punkten kannst du zum nächsten Test übergehen.

© ZGS Bildungs-GmbH   Deutsch 3/4 • 77

Test **72**   Vokale und Konsonanten

Schwierigkeits-
grad

A 1   **Was haben die folgenden Wörter gemeinsam? Kreuze die richtige Antwort an.**   1

der Kuss · der Ball · flott · der Schritt · schnell · komm · der Mann

a) ☐ Die folgenden Wörter haben gemeinsam, dass sie am Ende einen verdoppelten Konsonanten haben. Außerdem steht vor dem verdoppelten Konsonanten immer ein Vokal.

b) ☐ Die folgenden Wörter haben nichts gemeinsam.

c) ☐ Die folgenden Wörter haben alle einen doppelten Vokal.

A 2   **Wird das Wort mit b oder p geschrieben? Fülle aus.**   6

a) gro........

b) der Die........

c) her........

d) das Lau........

e) Prinzi........

f) der Rau........

A 3   **Wird das Wort mit d oder t geschrieben? Fülle aus.**   6

a) un........

b) die Han........

c) blin........

d) der Wal........

e) der Ran........

f) der Hu........

oder:
www.schuelerhilfe.de
/gute-noten
CODE   5689

bearbeitet am   zu erreichende Punktzahl: 13   erreichte Punktzahl des Schülers

➥ Ab **10** erreichten Punkten kannst du zum nächsten Test übergehen.

Test 73 Die Pronomen

Schwierigkeits-
grad

A1 Fülle die Tabelle indem du die Pronomen zuordnest. Die Beispiele in den Klammern können dir helfen, wenn du die Personen einfach austauschst. | 12

sich · euer · dir/dich · wir · sein · du · sich · uns · ihr · sie · mein · euch

Personalpronomen	Possessivpronomen	Reflexivpronomen
ich		mir/mich (Bsp.: Ich freue **mich**)
	dein	
er		sich (Bsp.: Er freut **sich**)
	ihr	
es	sein	sich (Bsp.: Es freut **sich**)
	unser	
ihr		
sie		

A2 Schreibe alle Pronomen heraus. | 12

a) Peter wäscht sein Auto. Er hat es sich gestern gekauft. ....

b) „Hast du meinen Autoschlüssel gesehen?" – „Ja, der liegt auf dem Hocker."

....

c) Er schenkt ihr jeden Tag Blumen. ....

d) Ich freue mich auf das Wochenende. ....

e) Anna schaut einen Film. Dieser ist sehr spannend. ....

A3 Schreibe die Sätze nochmal und ersetze die unterstrichenen Wörter durch Pronomen. | 8

a) Der Chef dankt seinen Mitarbeitern. ....

b) Der Junge liest das Buch. ....

c) Die Frau heiratet ihren Freund. ....

d) Meine Freunde haben mir heute geholfen.

e) Peter geht spazieren. ....

oder:
www.schuelerhilfe.de
/gute-noten
CODE 4160

bearbeitet am .... zu erreichende Punktzahl: 32 erreichte Punktzahl des Schülers ....

➡ Ab **26** erreichten Punkten kannst du zum nächsten Test übergehen.

Test 74   Die Pronomen

Schwierigkeits- grad

A 1   **Ordne die Pronomen der zugehörigen Pronomenart zu.**   `11`
Kreuze die richtige Lösung an.

a) <u>Ihr</u> Bein tut weh.   ☐ Possessivpronomen   ☐ Personalpronomen

b) Jeden Morgen putze ich <u>mir</u> die Zähne. ☐ Reflexivpronomen   ☐ Personalpronomen

c) „Welches Kleid soll ich anziehen?" ☐ Demonstrativpronomen ☐ Interrogativpronomen
    „<u>Dieses</u>!"

d) Der Mann, <u>den</u> wir gegrüßt haben, ☐ Relativpronomen   ☐ Reflexivpronomen
    ist mein Lehrer.

e) Könnt <u>ihr</u> das bitte entsorgen? ☐ Possessivpronomen   ☐ Personalpronomen

f) Wer ist die Frau, <u>der</u> wir begegnet sind? ☐ Possessivpronomen   ☐ Relativpronomen

g) <u>Wir</u> gehen heute Abend ins Kino. ☐ Reflexivpronomen   ☐ Personalpronomen

h) Hast du von <u>meinem</u> Kuchen gekostet? ☐ Possessivpronomen   ☐ Interrogativpronomen

i) Wir kennen <u>uns</u> aus der Schule. ☐ Demonstrativpronomen ☐ Reflexivpronomen

---

A 2   **Vervollständige die Reihe der Pronomen.**   `10`

a) Personalpronomen: ich – du – _____ – sie – es – _____ – ihr – sie

b) Demonstrativpronomen: dieser – _____ – dieses

c) Relativpronomen: _____ – die – das

d) mich/_____ – _____/dir – uns – euch – sich

e) welcher – welche – _____

f) _____ – dein – sein/ihr/sein – unser – _____ – ihr

g) _____ – jene – jenes

A 3   **Setze das passende Pronomen in die Lücke ein.**   `7`

a) _____ esse gerne Eis mit Schokolade.

b) Meine Freunde haben _____ beim Umzug geholfen.

c) Wir sind zu _____ Großeltern gefahren.

d) Du hast _____ mir versprochen.

e) Sie hat _____ ein Eis gekauft.

f) Das ist der Baum, _____ wir gepflanzt haben.

g) Die Frau, _____ wir getroffen haben, ist meine Tante.

---

bearbeitet am   **zu erreichende Punktzahl: 28**   **erreichte Punktzahl des Schülers**

➡ Ab **22** erreichten Punkten kannst du zum nächsten Test übergehen.

Test 75 — Die Pronomen

Schwierigkeits-
grad

A1 Fülle die Tabelle aus.   6

	Definition	Fürwort	Pronomenart
a)	Personen oder Gegenstände werden damit ersetzt	persönliches Fürwort	
b)	Stellvertreter für Person oder Gegenstand zur Einleitung eines Relativsatzes	hinweisendes Fürwort	
c)	zeigen eine Zugehörigkeit; geben ein Besitzverhältnis an	besitzanzeigendes Fürwort	
d)	beziehen sich immer auf das Subjekt	rückbezügliches Fürwort	
e)	ersetzten im Fragesatz das Nomen nach dem wir fragen	fragendes Fürwort	
f)	stellvertretend für Lebewesen oder Gegenstand; weisen auf jemanden oder etwas hin	bezügliches Fürwort	

A2 Setze das passende Pronomen ein.   7

a) Anja hat eine Katze. Es ist _____ Katze.

b) Moritz möchte Zelten, doch das Wetter gefällt _____ nicht.

c) Welche Frau meinst du? _____ dort drüben.

d) Der Mann, _____ den gestreiften Pullover trägt, ist mein Onkel.

e) Dort liegt ein Buch. _____ gehört es?

f) Ich fahre morgen in den Urlaub, den habe ich _____ verdient.

g) Ich schreibe mit dem Kugelschreiber, _____ ist leer.

A3 Schreibe die Pronomenart folgender Pronomen in die Klammern.   8

a) Wir (_____)   g) Welcher (_____)

b) Derjenige (_____)   h) Jener (_____)

c) Dieser (_____)

d) Mich (_____)

e) Euer (_____)

f) Was für einer (_____)

oder:
www.schuelerhilfe.de
/gute-noten
CODE 4160

bearbeitet am _____   zu erreichende Punktzahl: 21   erreichte Punktzahl des Schülers _____

➡ Ab **17** erreichten Punkten kannst du zum nächsten Test übergehen.

Test 76 — Die Pronomen

Schwierigkeits-
grad

A1 Ersetze die unterstrichenen Wörter durch passende Personalpronomen. 8

ihr · ich · wir · sie (Mehrzahl) · es · er · sie (Einzahl) · du

a) Tim fährt auf den Bauernhof. ➤ .... fährt auf den Bauernhof.

b) Die Wölfe jaulen den Mond an. ➤ .... jaulen den Mond an.

c) Tina und Anna wollen ins Kino. ➤ Mutter: „Wohin geht .... ?"

d) „Tina und ich gehen ins Kino." ➤ „............................ gehen ins Kino."

e) Lena geht zum Supermarkt. ➤ Jonas fragt: „Was kaufst .... hier ein?"

f) „............................ kaufe Paprika und Käse für meine Pizza" sagt Lena.

g) Das Auto fährt schnell. ➤ .... fährt schnell.

h) Elena geht spazieren. ➤ .... geht spazieren.

A2 Ergänze die passenden Possessivpronomen, die als Begleiter vor
dem Nomen stehen. 8

mein · unsere · seine · eure · eure · dein · deiner · ihre

Tim und Jonas treffen sich auf der Straße. Tim fragt: „Ist das **a)** .... Hund Jonas?". „Ja,
er heißt Wuschel und ist **b)** .... Hund." Als Jonas nach Hause kommt, fragt sein Vater
ihn und seine Schwester Anna: „Habt ihr schon **c)** .... Hausaufgaben gemacht?". Daraufhin sagen Jonas und Anna im Chor: „Ja wir haben **d)** .... Hausaufgaben schon
lange fertig. Dürfen wir jetzt mit **e)** .... Kamera spielen, Papa?". Der Vater nickt und
gibt den Kindern **f)** .... alte Kamera. Er sagt: „Aber macht die Kamera nicht kaputt.
Sonst ist **g)** .... Mutter sauer.". Am Abend als **h)** .... Mutter nach Hause
kommt, ist die Kamera zum Glück noch heile.

oder:
www.schuelerhilfe.de
/gute-noten
CODE 4160

bearbeitet am .... zu erreichende Punktzahl: 16 erreichte Punktzahl des Schülers ....

➤ Ab **13** erreichten Punkten kannst du zum nächsten Test übergehen.

Test 77 — Die Pronomen

Schwierigkeits-
grad

A1 Ist das jeweilige Wort ein Personalpronomen oder nicht? Kreuze an.　8

		Personalpronomen	kein Personalpronomen
a)	wir	☐	☐
b)	mein	☐	☐
c)	du	☐	☐
d)	ich	☐	☐
e)	sie (Mehrzahl)	☐	☐
f)	sich	☐	☐
g)	er/sie/es	☐	☐
h)	ihr	☐	☐

A2 Ergänze die richtigen Reflexivpronomen aus der Tabelle.　6

sich · dir · euch · sich · mir · uns

a) Tina kauft .... ein neues T-Shirt.

b) Du darfst .... ruhig den Ball ausleihen.

c) Vater: „Anna und Lena, könnt ihr .... etwas beeilen? Wir sind schon zu spät."

d) Die Kinder freuen .... an Halloween über die ganzen Süßigkeiten.

e) Ich gönne .... heute sogar zwei Stücke Kuchen.

f) Wir treffen .... um 7 Uhr am Parkplatz.

A3 Ergänze die richtigen Demonstrativpronomen mit der Tabelle.　6

derjenige · dasselbe · dieses · diese · diesen · dieses

a) „Hast du .... Kuchen schonmal gegessen?"

b) „Ist das nicht .... T-Shirt, das du schon letzte Woche so schön gefunden hast?"

c) „Nein, das ist nicht .... T-Shirt. Aber schau dir doch mal
.... gelbe T-Shirt an. Das ist doch schön."

d) „Kannst du dir vorstellen, ... uralten Butterbrote noch zu
essen?"

e) Vater: „...................., der nicht im Haushalt hilft, bekommt auch kein
Taschengeld."

oder:
www.schuelerhilfe.de
/gute-noten
CODE 4160

bearbeitet am .... 　zu erreichende Punktzahl: 20 　erreichte Punktzahl des Schülers ....

➤ Ab **16** erreichten Punkten kannst du zum nächsten Test übergehen.

Test **78** Die Pronomen

Schwierigkeits-
grad ▮ ▮ ▮

A1 **Ergänze die richtigen Personalpronomen.** | 6 |

a) Tim geht heute nicht zur Schule. .... ist krank.

b) Fee und Ben freuen sich auf die Ferien. .... fahren zusammen in den Urlaub.

c) „................... haben ein Geschenk für dich Papa", sagen Thilo und Jannis.

d) „................... mag aber keine Möhren", beschwert sich Tom.

e) „................... musst keine Möhren essen, aber Gemüse ist wichtig für dich", sagt die Mutter.

f) „Kommt .... heute auch zum Training?", fragt Annika ihre Freundinnen.

A2 **Ergänze die richtigen Possessivpronomen.** | 5 |

a) Tim mag .... neues Kuscheltier sehr gerne. Es ist ein Tiger.

b) Die Mädchen ziehen .... Schlittschuhe an, um endlich damit zu fahren.

c) „................... Katze schmust sehr gerne", sagt Tim und freut sich dabei.

d) „Wie alt ist .... Katze denn Tim?", interessiert sich Anna.

e) „................... Team ist viel besser als das der Gegner", motiviert der Trainer sein Team.

A3 **Ergänze die passenden Reflexivpronomen.** | 5 |

a) Ich kaufe .... morgen ein neues Handy.

b) Mein Vater rasiert .... jeden Tag.

c) Du kannst .... gerne eine Jacke von mir leihen, wenn dir kalt ist.

d) Wollt ihr .... nicht hinsetzen?

e) Die Kinder bemalen .... ihre Gesichter für Karneval.

oder:
www.schuelerhilfe.de
/gute-noten
CODE 4160

bearbeitet am _____ zu erreichende Punktzahl: 16 erreichte Punktzahl des Schülers _____

➥ Ab **13** erreichten Punkten kannst du zum nächsten Test übergehen.

Test **79** Konjunktionen

Schwierigkeits-
grad

A1 **Setze die passenden Konjunktionen ein.** 5

damit · falls · seit · desto · wenn · dabei

a) Meine Oma schenkt mir eine Tüte Lakritz, _____ mag ich Schokolade viel lieber.

b) Ich gehe gerne ins Freibad, _____ es heiß ist.

c) Ich schreibe viel bessere Noten, _____ ich jeden Tag ein bisschen lerne.

d) Ich übe jeden Tag Gitarre, _____ ich beim Konzert mitspielen darf.

e) Je mehr ich mich anstrenge, _____ besser werde ich.

A2 **Schreibe die Konjunktionen heraus.** 4

a) Mein Freund isst gerne Gummibärchen, weil sie ihm gut schmecken. ....

b) Meine Mama liest ein Buch, während ich im Garten spiele. ....

c) Ameisen sind sehr starke Tiere, obwohl sie sehr klein sind. ....

d) Wenn meine Schwester zum Sport geht, zieht sie sich Turnschuhe an. ....

A3 **Verbinde die beiden Sätze mit passenden Konjunktionen.**
Jede Konjunktion darf nur einmal benutzt werden. 12

weil · falls · trotzdem · deshalb · sodass · damit · nachdem

a) Ich gehe in den Garten. Die Sonne scheint.

b) Ich spiele mit meinem Freund. Ich habe meine Hausaufgaben fertig.

c) Ich habe morgen Geburtstag. Meine Mama backt einen Kuchen.

d) Ich baue die neue Eisenbahn auf. Felix und ich können toll spielen.

e) Es regnet. Ich gehe in den Garten.

f) Er arbeitet viel. Er ist müde.

g) Wir gehen Schlittenfahren. Es schneit.

oder:
www.schuelerhilfe.de
/gute-noten
CODE 9589

bearbeitet am _____   zu erreichende Punktzahl: 21   erreichte Punktzahl des Schülers _____

➡ Ab **17** erreichten Punkten kannst du zum nächsten Test übergehen.

Test **80** Konjunktionen

Schwierigkeits-grad

A1 **Setze die passenden Konjunktionen in die Lücken ein.** 10

entweder · deshalb · oder · nicht · nur · dass · weil · und · obwohl · sondern · auch · wo

Kiel, den 05.02.2017

Hallo Leute,

wir freuen uns sehr, _____ eure Klasse mit uns Briefe wechseln möchte, _____

schreiben wir euch sehr gern.

_____ die Schule manchmal sehr lange ist, bleibt noch ausreichend Zeit für Hobbys und

andere Freizeitbeschäftigungen.

Die meisten Kinder gehen nach dem Unterricht _____ nach Hause _____ bleiben

in der Übermittagsbetreuung. Wir haben verschiedene Hobbys: Manche spielen _____ in

einem Fußballverein, _____ in einem Musikverein ein Instrument. Wir fahren auch Fahr-

rad, _____ es bei uns in der Stadt gute Fahrradwege gibt. Außerdem gibt es in unserer

Stadt ein Kulturhaus, _____ es viele Möglichkeiten zur Freizeitbeschäftigung gibt. In der

Woche verabreden sich viele mit ihren Freunden _____ am Wochenende wird etwas mit

der Familie unternommen.

Und wie ist es bei euch? Schreibt uns bitte über eure Freizeit!

Liebe Grüße
Die Klasse 4 c

A2 **Verbinde die Sätze mit einer sinnvollen Konjunktion.** 10

a) Ich ziehe meine Turnschuhe an. Ich gehe zum Sport.

....

b) Ameisen sind sehr starke Tiere. Sie sind sehr klein.

....

c) Ich esse gerne Schokolade. Sie schmeckt mir gut.

....

d) Ich schreibe viel bessere Noten. Ich übe jeden Tag.

....

e) Ich baue meine neue Eisenbahn auf. Felix und ich können toll spielen.

....

oder:
www.schuelerhilfe.de
/gute-noten
CODE   9589

bearbeitet am   **zu erreichende Punktzahl: 20**   **erreichte Punktzahl des Schülers**

➡ Ab **16** erreichten Punkten kannst du zum nächsten Test übergehen.

Test **81** Konjunktionen

Schwierigkeits-
grad

A1 **Setze passende Konjunktionen ein.** 11

a) Habe ich dich schon gefragt, _____ du am Traumschulen-Wettbewerb teilnimmst?

b) Wir brauchen nicht nur die Ideen der Erwachsenen, _____ besonders eure Ideen, _____ schließlich geht es um eure Schule.

c) _____ ihr eure Ideen aufschreibt, besprecht sie am besten mit euren Eltern, um herauszufinden, _____ sie machbar sind.

d) Wir haben schon eine Menge gute Ideen bekommen, _____ wir mit unserem Aufruf begonnen haben.

e) Eigentlich braucht ihr nur ein bisschen Fantasie, _____ ihr am Wettbewerb teilnehmen könnt.

f) Wusstet ihr auch, _____ man einen Preis gewinnen kann?

g) _____ die Teilnahme am Wettbewerb viel Arbeit ist, kann es sicher auch viel Spaß machen.

h) Überlegt euch eure Ideen gut, _____ wartet nicht zu lange, _____ der Einsendeschluss ist schon am nächsten Montag.

A2 **Kreuze an, ob es sich um eine nebenordnende (N) oder unterordnende (U) Konjunktionen handelt?** 5

Nebenordnende Konjunktionen ➡ Hauptsatz + Hauptsatz
Unterordnende Konjunktionen ➡ Hauptsatz + Nebensatz

	N	U
Wir gehen zu Fuß, denn der Bus ist schon abgefahren.	☐	☐
Kai hat einen Bleistift und einen Anspitzer.	☐	☐
Ich weiß, dass Dortmund gestern verloren hat.	☐	☐
Ich mag ihn, aber ich werde ihn nicht zu meinem Geburtstag einladen.	☐	☐
Wasch dir die Hände, bevor du etwas isst.	☐	☐
Steffen war das nicht, sondern Udo hat das kaputt gemacht.	☐	☐
Sie war erst 20, als sie geheiratet hat.	☐	☐
Ich kündige, weil ich einen besseren Job gefunden habe.	☐	☐
Ich kündige, denn ich habe einen besseren Job gefunden.	☐	☐
Sie möchte Ärztin werden, jedoch sind ihre Schulnoten nicht gut genug.	☐	☐

oder:
www.schuelerhilfe.de
/gute-noten
CODE 9589

bearbeitet am _____ zu erreichende Punktzahl: **16** erreichte Punktzahl des Schülers

➡ Ab **13** erreichten Punkten kannst du zum nächsten Test übergehen.

Test 82 Konjunktionen

Schwierigkeits-
grad

A1 **Verbinde jeweils die beiden Sätze mit einem „und".** 3

a) Tim spielt mit dem Ball. Tina spielt mit dem Seil.

....

b) Der Hund bellt. Die Katze miaut.

....

c) Die Klingel läutet. Die Schule beginnt.

....

A2 **Welches Bindewort muss in den Satz? Fülle die Lücken mit Hilfe der Tabelle aus.** 4

weil • sondern auch • oder • obwohl

a) Tina mag nicht nur Hunde, ... Katzen.

b) Wollen wir ins Kino .... schwimmen gehen?

c) Sport ist gut für den Körper, ... man sich danach besser fühlt.

d) Sina steht nicht auf, ... der Wecker klingelt.

A3 **Verbinde die beiden Satzteile, die zusammenpassen, mit einem Pfeil.** 5

1) Ich mag Hunde, Katzen **a)** obwohl er keinen Hunger hat.

2) Jana geht zum Arzt, **b)** oder wir essen Nudeln.

3) Tom isst eine große Portion, **c)** weil die krank ist.

4) Entweder wir essen Pizza, **d)** und Hamster.

5) Die Sonne scheint, **e)** aber es ist kalt.

oder:
www.schuelerhilfe.de
/gute-noten
CODE 9589

bearbeitet am zu erreichende Punktzahl: 12 erreichte Punktzahl des Schülers

➥ Ab **10** erreichten Punkten kannst du zum nächsten Test übergehen.

Test 83 Konjunktionen

Schwierigkeits-
grad

A1 Setze die passenden Bindewörter in die Lücken ein.
Die Tabelle gibt dir eine Hilfestellung.   6

| und · weil · aber · oder · Entweder... oder · um |

a) Nina hat dieses Jahr viel für ihre Arbeit gelernt, _____ sie eine gute Note haben will.

b) Die Feuerwehr kommt, _____ das Feuer zu löschen.

c) Du musst dich entscheiden: Möchtest du lange _____ kurze Haare haben?

d) Die Schule ist aus _____ die Kinder gehen nach Hause.

e) _____ wir gehen heute früh schlafen _____ wir schlafen morgen lange.

f) Tom ist gut in Mathe, _____ schlecht in Deutsch.

A2 Welches Bindewort passt besser? Entscheide dich und streiche das
falsche Wort durch. Aber Vorsicht in einem Fall sind beide Wörter möglich.   6

a) In meinem Etui sind ein Bleistift **und/oder** ein Radiergummi.

b) Gina ist sehr enttäuscht, **obwohl/weil** das Ende des Films nicht gut war.

c) Die Straße wird wieder aufgeräumt, **nachdem/oder** der Sturm sich gelegt hat.

d) Die Menschen haben gute Laune, **weil/denn** die Sonne scheint.

e) Entweder der Müll wird entleert, **weil/oder** er wird zu voll.

f) Tom ist nicht nur interessiert in Tiere, **sondern auch/obwohl** in Pflanzen.

A3 Verbinde die beiden Sätze entweder mit „und" oder mit „obwohl".   3

a) Die Sonne scheint. Die Blumen blühen.

....

b) Meine Hände sind rau. Ich creme sie jeden Tag ein.

....

c) Marc liest das Buch an einem Tag. Es ist ein schlechtes Buch.

....

oder:
www.schuelerhilfe.de
/gute-noten
CODE 9589

bearbeitet am _____   zu erreichende Punktzahl: 15   erreichte Punktzahl des Schülers

➡ Ab **12** erreichten Punkten kannst du zum nächsten Test übergehen.

Test 84   Konjunktionen

Schwierigkeits-
grad ■ ■ ■

A1   **Setze das passende Bindewort aus der Tabelle ein.**   9

Entweder … oder · weil · weil · und · obwohl · Zwar … aber · oder ·
Sowohl … als auch · und

a) Die Hausaufgaben haben lange gedauert, _____ es viele Aufgaben waren.

b) Das Licht geht aus _____ es ist dunkel.

c) Der Hund bellt, _____ es keinen Grund gibt.

d) Diese Idee hat _____ viele Vorteile _____ Nachteile, die beachtet werden müssen.

e) Du musst bedenken, dass ein Hund _____ viel Dreck macht, _____ dafür auch viel Liebe schenkt.

f) Tina muss sich entscheiden, ob sie grüne _____ rote Schuhe will.

g) _____ die Sonne scheint heute, _____ es regnet den ganzen Tag.

h) Ich gehe montags, dienstags _____ freitags arbeiten.

i) _____ ich genug Geld habe, fahre ich in den Urlaub.

A2   **Sind die nachfolgenden Wörter Konjunktionen oder nicht? Kreuze „ja" oder „nein" an.**   10

a) ich   ja ☐ nein ☐

b) denn   ja ☐ nein ☐

c) obwohl   ja ☐ nein ☐

d) rot   ja ☐ nein ☐

e) scheinbar   ja ☐ nein ☐

f) weil   ja ☐ nein ☐

g) nicht nur … Sondern auch   ja ☐ nein ☐

h) ja … nein   ja ☐ nein ☐

i) und   ja ☐ nein ☐

j) kein   ja ☐ nein ☐

A3   **Welches Bindewort ist richtig? Entscheide und streiche die falschen Wörter durch.**   3

a) Ich gehe nur zur Schule, **weil/obwohl** ich dort meine Freunde sehe.

b) Entweder Tim bekommt seinen Willen, **und/oder** er wird sauer.

oder:
www.schuelerhilfe.de
/gute-noten
CODE   9589

bearbeitet am _____   zu erreichende Punktzahl: 21   erreichte Punktzahl des Schülers _____

➡ Ab **17** erreichten Punkten kannst du zum nächsten Test übergehen.

Test 85 — Zeitformen des Verbs

Schwierigkeits-
grad

A1 **Bearbeite die folgenden Fragen und Aussagen. Kreuze an.** 7

a) Wie nennt man die Form der Verben, die wir auch im Wörterbuch finden, die weder Zeit noch Person besitzt?

☐ Präventiv   ☐ Infinitiv   ☐ Konjunktiv   ☐ Subjektiv

b) Kreuze alle Zeitformen an, indem ein Verb stehen kann.

☐ Präteritum   ☐ Tantum   ☐ Anterior   ☐ Perfekt
☐ Präsens   ☐ Compuesto   ☐ Subjunktiv   ☐ Futur

c) Wie werden die Verben unterteilt?

☐ laut und leise   ☐ stark und schwach   ☐ still und laut   ☐ klein und groß

d) Welche Zeitform passt nicht zu seiner Bedeutung?

☐ Futur *(Zukunft)*   ☐ Perfekt *(Zukunft)*
☐ Präsens *(Gegenwart)*   ☐ Präteritum *(Vergangenheit)*

A2 **Bestimme die Zeitform (Präsens, Präteritum, Perfekt, Futur I)** 8
der folgenden Verben.

a) Ich habe gegessen. ....   e) Ich schlief die ganze Nacht. ....

b) Wir werden gewinnen. ....   f) Ihr werdet lachen. ....

c) Er war in der Schule. ....   g) Wir fahren in den Urlaub. ....

d) Du gehst nach Hause. ....   h) Du bist gelaufen. ....

A3 **Forme die Sätze in den angegebenen Zeitformen um.** 8
Korrigiere sie, indem du den Satz in der angegebenen Zeitform aufschreibst.

a) Ich schlief.   ➡ ....   *(Präsens)*

b) Wir lachen.   ➡ ....   *(Perfekt)*

c) Du wirst laufen.   ➡ ....   *(Perfekt)*

d) Man dachte.   ➡ ....   *(Futur)*

e) Verena weint.   ➡ ....   *(Präteritum)*

f) Du hast gelogen.   ➡ ....   *(Präsens)*

g) Sie glaubten.   ➡ ....   *(Futur)*

h) Wir werden gewinnen.   ➡ ....   *(Präteritum)*

oder:
www.schuelerhilfe.de
/gute-noten
CODE 1197

bearbeitet am ....   zu erreichende Punktzahl: 23   erreichte Punktzahl des Schülers

➡ Ab **18** erreichten Punkten kannst du zum nächsten Test übergehen.

© ZGS Bildungs-GmbH   *Deutsch 3/4* ▪ 91

Test 86   Zeitformen des Verbs

Schwierigkeits-
grad

A1   Lies den folgenden Lückentext und ergänze die Verben in ihrer richtigen Zeitform. | 11 |

Gestern _____ (haben, Präteritum, 1. Person, Singular) ich Geburtstag. Meine Oma und

mein Opa _____ (kommen, Präteritum, 3. Person, Plural) zu Besuch. Sie _____ (geben,

Präteritum, 3. Person, Plural) mir meine Geschenke, über die ich mich sehr _____ (freuen,

Perfekt, 1. Person, Singular). Anschließend _____ (essen, Präteritum, 1. Person, Plural) wir

gemeinsam mit meiner Mama, meinem Papa und meinen beiden Geschwistern Kuchen. Das

_____ (sein, Präteritum, 3. Person, Singular) schön!

Heute _____ mich alle meine Freunde _____ (besuchen, Futur, 3. Person, Plural).

Bestimmt _____ Laura wieder beim Topfschlagen _____ (gewinnen, Futur, 3. Per-

son, Singular)! Sie _____ (sein, Präsens, 3. Person, Singular) so gut! Schade, dass du keine

Zeit _____ (haben, Präteritum, 2. Person, Singular). Nächstes Mal _____ du be-

stimmt dabei _____ (sein, Futur, 2. Person, Singular)!

A2   Wie heißt der Infinitiv (= Grundform)? Notiere die richtige Lösung. | 8 |

a) Ich log _____

b) Er trank _____

c) Sie küsste _____

d) Wir kannten _____

e) Sie roch _____

f) Es goss _____

g) Ihr schosst _____

h) Ihr seid gewesen _____

A3   Lies den folgenden Text und ändere die Präsensformen der Verben in | 9 |
die richtige Vergangenheitsform.

Alexandra _____ (ist) enttäuscht. Sie _____ (hat) sich ihre Sommerferien anders

vorgestellt, doch sie _____ (hat) sich beim Volleyball verletzt. Während der letzten Schul-

tage _____ (plant) sie mit ihrer Freundin Wiebke einen gemeinsamen Strandurlaub an der

Nordsee. Sie _____ (wollen) direkt an die Küste. Auch Schwimmen

_____ (ist) geplant. Dort _____ (gibt) es sogar einen Fahrrad-

verleih. Nun _____ (weiß) sie aber, dass es mit ihrer Knieverletzung

nicht möglich _____ (ist).

oder:
www.schuelerhilfe.de
/gute-noten
CODE | 1197 |

bearbeitet am _____   zu erreichende Punktzahl: 28   erreichte Punktzahl des Schülers _____

➡ Ab **22** erreichten Punkten kannst du zum nächsten Test übergehen.

© ZGS Bildungs-GmbH   Deutsch 3/4 • 92

Test **87** Zeitformen des Verbs

Schwierigkeits-grad ▮▮▮

A1 **Bestimme die folgenden Verbformen in Person, Singular/Plural und Zeitform und den Infinitiv.** 16

Beispiel

➡ 3. Person, Plural, Futur I, schlafen

a) Er schaute _____

b) Du hast gesessen _____

c) Ihr werdet beten _____

d) Sie stahl _____

A2 **Bestimme die Verbformen. Achte darauf, auch die richtige Person anzugeben.** 6

Beispiel

➡ ich fiel

a) 3. Person, Plural, Präteritum gehen _____

b) 1. Person, Singular, Präsens, schlafen _____

c) 2. Person, Singular, Futur, wandern _____

d) 1. Person, Plural, Perfekt, haben _____

e) 3. Person, Singular (fem.), Präsens, lachen _____

f) 2. Person, Plural, Plusquamperfekt, greifen _____

A3 **Die folgenden Sätze stehen im Präsens! Schreibe jeden Satz nochmals im Präteritum, Perfekt und Futur I auf.** 9

a) Das Schiff bricht in tausend Einzelteile.

Präteritum _____

Plusquamperfekt _____

Futur I _____

b) Mirja wirft mir den blauen Ball zu.

Präteritum _____

Plusquamperfekt _____

Futur I _____

c) Das Eis schmilzt in der brennenden Sonne.

Präteritum _____

Plusquamperfekt _____

Futur I _____

oder:
www.schuelerhilfe.de
/gute-noten
CODE 1197

bearbeited am _____ zu erreichende Punktzahl: 31 erreichte Punktzahl des Schülers _____

➡ Ab **25** erreichten Punkten kannst du zum nächsten Test übergehen.

Test **88**   Zeitformen des Verbs

Schwierigkeits-
grad

A1   Ordne folgende Wörter zu.   6

wir · du · er, sie es · ich · sie · ihr

a) 1. Person, Singular ....

b) 3. Person, Plural ....

c) 2. Person, Singular ....

d) 2. Person, Plural ....

e) 1. Person, Plural ....

f) 3. Person, Singular ....

A2   Fülle die Tabelle aus. Konjugiere folgendes Verb: tanzen.   15

	Präsens (Gegenwart)	Präteritum (1. Vergangenheit)	Perfekt (2. Vergangenheit)
Ich	tanze	tanzte	habe getanzt
Du			
Er, Sie, Es			
Wir			
Ihr			
Sie			

A3   Fülle die Tabelle aus. Konjugiere folgendes Verb: rufen.   17

	Präsens (Gegenwart)	Präteritum (1. Vergangenheit)	Perfekt (2. Vergangenheit)
Ich	rufe		
Du			
Er, Sie, Es			
Wir			
Ihr			
Sie			

oder:
www.schuelerhilfe.de
/gute-noten
CODE   1197

bearbeitet am   zu erreichende Punktzahl: 38   erreichte Punktzahl des Schülers

➡ Ab **30** erreichten Punkten kannst du zum nächsten Test übergehen.

Test 89 **Zeitformen des Verbs**

Schwierigkeits-
grad

A1 **Fülle die Lücken mit den richtig umgeformten Verben aus.**
In den Klammern steht das Verb in der Grundform sowie die Person,
die du verwenden sollst. Verwende nur die Vergangenheitsform (Präteritum).

7

Es war ein schöner Sommertag im Juni. Deshalb _____ *(gehen; 1. Person, Einzahl)*

zum Badesee. Dort warteten meine Freunde. _____ *(essen; 3. Person, Mehrzahl)*

gerade ein Eis. _____ *(holen; 1. Person, Einzahl)* mir auch eins. Als wir fertig waren

_____ *(spielen; 1. Person, Mehrzahl)* mit dem Fußball. Die anderen gingen ins

Wasser. Hinter uns saß der Bademeister. _____ *(haben; 3. Person, Einzahl)*

eine rote Badehose an. Auch meine Eltern und die von meinem Freund Paul

_____ *(kommen)* zum Badesee. Wir hatten alle viel Spaß und die Sonne

_____ *(scheinen)* die ganze Zeit.

A2 **Fülle die Tabelle aus. Schreibe nicht nur das konjugierte Verb in die Spalten,**
sondern auch die dazugehörige Person. Konjugiere folgendes Verb: lesen

18

	Präsens (Gegenwart)	Präteritum (1. Vergangenheit)	Perfekt (2. Vergangenheit)
1. Pers. Singular			
2. Pers. Singular			
3. Pers. Singular			
1. Pers. Plural			
2. Pers. Plural			
3. Pers. Plural			

A3 **Setze die aufgelisteten Verben in die 1. Vergangenheitsform (Präteritum).**

7

a) tragen   ich   _____

b) werfen   sie   _____

c) schreiben   ihr   _____

d) hoffen   wir   _____

e) tasten   sie   _____

f) klettern   er, sie, es   _____

g) planen   wir   _____

oder:
www.schuelerhilfe.de
/gute-noten
CODE 1197

bearbeitet am _____   zu erreichende Punktzahl: 32   erreichte Punktzahl des Schülers _____

➡ Ab **26** erreichten Punkten kannst du zum nächsten Test übergehen.

Test 90 Zeitformen des Verbs

Schwierigkeits-grad ■ ■ ■

A1 Trage in die Klammern die Zeitform des Satzes mit ihrem Fachbegriff. 14

a) In meinen Sommerferien bin ich nach Frankreich gereist. (...........................)

b) Unsere Laterne leuchtet heute sehr schön. (...........................)

c) In der Schule haben die Lehrer meiner Schwester geholfen lesen zu lernen. (...........................)

d) Gestern aß mein Bruder einen roten Apfel. (...........................)

e) Paul hat eine spannende Geschichte geschrieben. (...........................)

f) Das Haus von gegenüber brennt. (...........................)

g) Ich fahre heute mit dem Fahrrad nach Hause. (...........................)

h) Die Mädchen aus meiner Klasse redeten die ganze Zeit. (...........................)

i) Hans floh vor den Jungs mit der Wasserpistole. (...........................)

j) Wir sind alle von einer Spinne erschrocken. (...........................)

k) Wenn wir nicht schnell genug sind, gewinnen die anderen. (...........................)

l) Ihr hörtet wie draußen das Unwetter tobte. (...........................)

m) Paula ist früher einmal geritten. (...........................)

n) Du hast noch meinen Bleistift. (...........................)

A2 Schreibe aus folgenden Sätzen das finite Verb heraus. 5
Das finite Verb ist das Verb, das die Zeitform bestimmt.

a) In meinen Sommerferien bin ich nach Frankreich gereist. (...........................)

b) Unsere Laterne leuchtet heute sehr schön. (...........................)

c) In der Schule haben die Lehrer meiner Schwester geholfen lesen zu lernen. (...........................)

d) Gestern aß mein Bruder einen roten Apfel. (...........................)

e) Paul hat eine spannende Geschichte geschrieben. (...........................)

f) Paula ist früher einmal geritten. (...........................)

oder:
www.schuelerhilfe.de
/gute-noten
CODE 1197

bearbeitet am .... zu erreichende Punktzahl: 19 erreichte Punktzahl des Schülers ....

➡ Ab **15** erreichten Punkten kannst du zum nächsten Test übergehen.

Test 91 — Die vier Fälle der Nomen

Schwierigkeits-
grad

A1 Ordne die vier Fälle in der richtigen Reihenfolge ein. | 4 |

Dativ · Genitiv · Nominativ · Akkusativ

1) ....

2) ....

3) ....

4) ....

A2 Ordne die Fragen den richtigen Fällen zu. Achtung: Manchmal sind mehrere Fälle möglich. | 4 |

Wessen? · Wen? · Was? · Wem? · Wer?

a) Akkusativ ....

b) Nominativ ....

c) Genitiv ....

d) Dativ ....

A3 Stelle die gesamte Frage nach dem unterstrichenen Satzteil und bestimme den Fall. | 10 |

Beispiel

Anna ist groß. ➡ Wer ist groß? – Nominativ

a) Die Schule hat einen großen Pausenhof.

.... ? ➡ ....

b) Meiner Lehrerin beantworte ich gerne alle Fragen.

.... ? ➡ ....

c) Der Gesang der Klasse 1b stört die ganze Schule.

.... ? ➡ ....

d) Frau Müller hat uns heute keine Hausaufgaben gegeben.

.... ? ➡ ....

e) Der Schuldirektor parkt seinen Wagen immer in der ersten Reihe.

.... ? ➡ ....

oder:
www.schuelerhilfe.de
/gute-noten
CODE 8716

bearbeitet am | zu erreichende Punktzahl: 18 | erreichte Punktzahl des Schülers

➡ Ab **14** erreichten Punkten kannst du zum nächsten Test übergehen.

Test 92 — Die vier Fälle der Nomen

Schwierigkeits-
grad

A1 Frage nach dem unterstrichenen Satzteil und bestimme den Fall. | 8

a) <u>Der Junge</u> rennt über die Straße.

....? ➡ ....

b) Die Haare <u>der Oma</u> sind grau gewellt.

....? ➡ ....

c) Das Mädchen hat <u>ein neues Fahrrad</u>.

....? ➡ ....

d) <u>Seiner Mutter</u> hörte er schon lange nicht mehr zu.

....? ➡ ....

A2 Setze die passenden Formen in die Lücken ein. | 8

a) Das Haus .... *(die Großeltern)* ist sehr altmodisch, aber schön eingerichtet.

b) Laura geht mit .... *(ihr Freund)* durch den Wald spazieren.

c) Die Kinder treffen sich gerne auf .... *(der Spiel-platz)* neben der Rutsche.

d) Mit .... *(das neue Auto)* fährt es sich besonders gut.

e) Die Mutter .... *(das Kind)* arbeitete in einer großen Firma.

f) Die Schüler trafen sich auf .... *(der Schulhof)*.

g) Luis traf sich in der Eisdiele mit .... *(seine neue Freundin)*.

h) Anna denkt an .... *(er)*.

oder:
www.schuelerhilfe.de
/gute-noten
CODE 8716

bearbeitet am .... zu erreichende Punktzahl: 16 erreichte Punktzahl des Schülers ....

➡ Ab **13** erreichten Punkten kannst du zum nächsten Test übergehen.

Test 93 — Die vier Fälle der Nomen

Schwierigkeits-
grad ■ ■ ☐

A1 Trage die Nomina aus folgendem Satz hinter den jeweiligen Fall ein.　4

Der Hund rennt mit seinem Herrchen in den Wald des Försters.

a) Nominativ: ....

b) Genitiv: ....

c) Dativ: ....

d) Akkusativ: ....

A2 Bestimme die Fälle der unterstrichenen Satzteile.　9

a) Aufgrund seiner freundlichen Art hat er viele Freunde.

Art: .... Freunde: ....

b) Die Krähen sitzen auf dem Hausdach.

Krähen: .... Hausdach: ....

c) Das kleine Mädchen klettert auf den höchsten Baum.

Mädchen: ....

d) Der Große darf schon länger aufbleiben als seine Geschwister.

Große: ....

e) Die Trauergemeinde gedenkt der Schwester des Pfarrers.

Trauergemeinde: ....

Schwester: ....

Pfarrers: ....

A3 Welche Form ist richtig? Kreuze an.　1

a) ☐ Der Mann gedenkt **seinem alten Freund.**

b) ☐ Der Mann gedenkt **seinen alten Freund.**

c) ☐ Der Mann gedenkt **seinem altem Freund.**

d) ☐ Der Mann gedenkt **seines alten Freundes.**

oder:
www.schuelerhilfe.de
/gute-noten
CODE 8716

bearbeitet am .... zu erreichende Punktzahl: 14 erreichte Punktzahl des Schülers ....

➥ Ab 11 erreichten Punkten kannst du zum nächsten Test übergehen.

Test 94 — Die Satzglieder

Schwierigkeits-grad

A1 Schreibe aus jedem Satz das Subjekt und das Verb heraus. [8]

a) Mein Vater fährt gerne mit dem Auto.

Subjekt _____ Prädikat _____

b) Oma backt einen Kuchen.

Subjekt _____ Prädikat _____

c) Tom geht in die Schule.

Subjekt _____ Prädikat _____

d) Ich kaufe mir ein Buch.

Subjekt _____ Prädikat _____

A2 Schreibe das Prädikat heraus. [5]

a) Ich gehe morgen shoppen. _____

b) Meine Tante und mein Onkel ziehen nächstes Wochenende um. _____

c) Morgen gehen wir mit meinen Cousinen ins Kino. _____

d) Bald fahren wir in den Urlaub. _____

e) Ich setze mich hin. _____

A3 Welches Satzglied ist das unterstrichene Wort? [5]

a) Morgen fahren <u>wir</u> auf Klassenfahrt. _____

b) Meine Oma gibt mir <u>ein Geschenk</u>. _____

c) Ich schenke <u>dir</u> ein Buch. _____

d) Meine Mama stellt <u>die Flasche</u> auf den Tisch. _____

e) <u>Morgen</u> fahren wir auf Klassenfahrt. _____

oder:
www.schuelerhilfe.de
/gute-noten
CODE 9133

bearbeitet am _____ zu erreichende Punktzahl: 18 erreichte Punktzahl des Schülers _____

➡ Ab 14 erreichten Punkten kannst du zum nächsten Test übergehen.

Test 95   Die Satzglieder

Schwierigkeits-
grad

A1   **Stelle folgende Sätze so um, dass eine Frage entsteht.**   3

a) Jedes Jahr fahren wir mit dem Auto in den Urlaub.

....

b) Morgen Abend müssen Frieda und ihre Geschwister früh ins Bett gehen.

....

c) Die Äpfel müssen dunkelrot sein, bevor man sie essen kann.

....

A2   **Bestimme alle Satzglieder.**   4

Der Polizist überreichte dem Zeugen ein Formular.

a) Der Polizist ➡ ....   überreichte ➡ ....

b) dem Zeugen ➡ ....   ein Formular ➡ ....

A3   **Ordne die Wörter zu und bring sie so in die richtige Reihenfolge.**   5

in den Tierpark · die Klasse 5 b · macht · einen Ausflug · jährlich

Adverbiale Bestimmung der Zeit	Verb	Nomen	Akkusativobjekt	Adverbiale Bestimmung des Ortes

oder:
www.schuelerhilfe.de
/gute-noten
CODE   9133

---

bearbeitet am   zu erreichende Punktzahl: 12   erreichte Punktzahl des Schülers

➡ Ab **10** erreichten Punkten kannst du zum nächsten Test übergehen.

Test 96   Die Satzglieder

Schwierigkeits-
grad ▪ ▪ ▪

A1   **Schreibe das Subjekt heraus.**   5

a) Meine Mutter und ihre Freundinnen treffen sich einmal monatlich. ....

b) Morgen Abend essen meine Schwester und ich bei unserer Oma. ....

c) Im Supermarkt steht die Milch im zweiten Gang. ....

d) Nächstes Jahr fahren wir mit meiner Oma in den Urlaub. ....

e) Mir gefallen die blonden Haare besonders gut. ....

A2   **Ordne die Wörter zu und bring sie so in die richtige Reihenfolge.**   6

ein Geschenk · im Klassenraum · übergaben · nach der Stunde · die Schüler · der Lehrerin

Adverbiale Bestim- mung der Zeit	Verb	Subjekt	Dativobjekt	Adverbiale Bestim- mung des Ortes	Akkusativobjekt

A3   **Bestimme die Satzglieder.**   10

a) Das gelbe T-Shirt mögen Mia und ihrer Freundin besonders.

Das gelbe T-Shirt ➡ ....   mögen ➡ ....

Mia und ihre Freundin ➡ ....

b) Die Reise nach Rom gefiel den Beiden.

Die Reise nach Rom ➡ ....   gefiel ➡ ....

den Beiden ➡ ....

c) Morgen Abend werden wir ins Kino fahren.

Morgen Abend ➡ ....   werden fahren ➡ ....

wir ➡ ....   ins Kino ➡ ....

oder:
www.schuelerhilfe.de
/gute-noten
CODE   9133

bearbeitet am   zu erreichende Punktzahl: 21   erreichte Punktzahl des Schülers

➡ Ab **17** erreichten Punkten kannst du zum nächsten Test übergehen.

Schreiben

3

Test 97 Einen Wortschatz erarbeiten

Schwierigkeits-grad

A1 Bestimme die richtige Reihenfolge, indem du die Sätze von 1–8 nummerierst. | 8

So rufe ich beim Zahnarzt an und mache einen Termin
...... **Und dann** schaue ich in meinem Kalender nach, ob ich an dem Termin Zeit habe.
...... **Und dann** verabschiede ich mich und lege auf.
...... **Und dann** sage ich den Termin zu.
...... **Dann** nenne ich meinen Namen und sage, dass ich einen Termin ausmachen möchte.
...... **Und dann** warte ich, bis sich jemand meldet.
...... Ich schaue im Telefonbuch nach, welche Nummer mein Zahnarzt hat.
...... **Dann** wähle ich die Rufnummer.
...... **Und dann** schlägt die Sprechstundenhilfe einen Termin vor.

A2 Ersetze nun die eintönigen Satzanfänge auf Aufgabe 1 mithilfe der Tabelle. | 8

Am Anfang	Zwischendurch	Am Schluss
zuerst, als Erstes, zunächst, anfangs	danach, dann, darauf, nun, jetzt, anschließend, im Anschluss daran	zum Schluss, schließlich, zu guter Letzt, zuletzt, abschließend

So rufe ich beim Zahnarzt an und mache einen Termin.

.... schaue ich im Telefonbuch nach, welche Nummer mein Zahnarzt hat. ....

wähle ich die Rufnummer. .... warte ich, bis sich jemand meldet.

.... nenne ich meinen Namen und sage, dass ich einen Termin ausmachen möchte.

.... schlägt die Sprechstundenhilfe einen Termin vor. .... schaue

ich in meinem Kalender nach, ob ich an dem Termin Zeit habe. .... sage

ich den Termin zu. .... verabschiede ich mich und lege auf.

oder:
www.schuelerhilfe.de
/gute-noten
CODE 3274

---

bearbeitet am [   ]   zu erreichende Punktzahl 16   erreichte Punktzahl des Schülers [   ]

➡ Ab **13** erreichten Punkten kannst du zum nächsten Test übergehen.

Einen Wortschatz erarbeiten

Schwierigkeits-
grad

A1 **Ersetze die einfachen Adjektive durch die zusammengesetzten Adjektive.**   `17`
So wird der Text bildhafter und anschaulicher erzählt.

Kennst du ... die Miniknirpse?
Nur wenige Menschen haben diese **munteren, leichten** Kerlchen je zu Gesicht bekommen. Wenn du sie **nah** erleben willst, musst du **weit gerade** nach Süden wandern. Dann kommst du in einen **schönen** Märchenwald. Dort leben die **hübschen** Miniknirpse in **schiefen** Holzhäuschen. Sie fühlen sich hier **wohl** und leben **gesund**. Denn sie ernähren sich von **süßem** Honig und **weichen** Aprikosen. Die Knirpse sind nicht **reich**, aber **arm** ist auch keiner von ihnen. Sie sind **gut** zueinander. Nur wenn jemand ihre Ruhe stört, werden sie **sauer** und **frech**.

schnurgerade · putzmunter · wunderschön · federleicht · hautnah · meilenweit ·
kerngesund · bildhübsch · windschief · pudelwohl · zuckersüß · butterweich ·
stocksauer · steinreich · bettelarm · herzensgut · rotzfrech

Kennst du ... die Miniknirpse?

Nur wenige Menschen haben diese _____ , _____ Kerlchen je zu Gesicht bekom-

men. Wenn du sie _____ erleben willst, musst du _____ , _____ nach Sü-

den wandern. Dann kommst du in einen _____ Märchenwald. Dort leben die

_____ Miniknirpse in _____ Holzhäuschen. Sie fühlen sich hier _____ und

leben _____ . Denn sie ernähren sich von _____ Honig und _____ Aprikosen.

Die Knirpse sind nicht _____ , aber _____ ist auch keiner von ihnen. Sie sind

_____ zueinander. Nur wenn jemand ihre Ruhe stört, werden sie _____ und _____ .

A2 **Setze statt „machen" abwechslungsreichere Ausdrücke ein.**   `6`

bereiten · unternehmen · backen · zubereiten · öffnen · kämmen

a) das Frühstück <u>machen</u> _____   **d)** sich die Haare <u>machen</u> _____

b) jemanden eine Freude <u>machen</u> _____   **e)** die Tür <u>aufmachen</u> _____

c) einen Kuchen <u>machen</u> _____   **f)** einen Ausflug <u>machen</u> _____

A3 **Wie lautet der jeweilige Sammelbegriff?**   `3`

a) Ameise, Elefant, Nashorn, Regenwurm _____

b) Tisch, Schrank, Stuhl, Sofa _____

c) Gurke, Salat, Paprika, Tomate, Sellerie _____

oder:
www.schuelerhilfe.de
/gute-noten
CODE `3274`

bearbeitet am [   ]   zu erreichende Punktzahl: 26   erreichte Punktzahl des Schülers

➡ Ab **21** erreichten Punkten kannst du zum nächsten Test übergehen.

Test 99 — Einen Wortschatz erarbeiten

Schwierigkeits-grad ▮▮▮

A1 Ohje! Claras Aufsatz über ihr letztes Wochenende wirkt ziemlich langweilig, oder? `12`

Donnerwetter!

Es <u>war</u> an einem Samstag im vorigen Sommer. Mein Vater <u>war</u> an diesem Nachmittag in der Gartenwerkstatt. Meine Mutter <u>war</u> auf unserer Terrasse und ich <u>war</u> direkt daneben mit meiner Eisenbahn. Die Sonne <u>war</u> an diesem Tag besonders heiß und es <u>war</u> eine drückende Hitze in der Luft. Nach einiger Zeit <u>waren</u> da schwarze Wolken am Himmel und die Sonne <u>war</u> dahinter weg. Plötzlich <u>war</u> da auch ein Sturm über uns. Im Nu <u>waren</u> alle im Haus. Als wir drinnen am Fenster <u>waren</u>, erschrak ich jedes Mal, wenn am dunklen Himmel grelle Blitze <u>waren</u>.

**Hilf Clara dabei, ihren Aufsatz abwechslungsreicher zu gestalten. Setze für das inhaltslose „war"
ein jeweils treffenderes Verb ein. Wichtig! Denke daran, die Verben in die Vergangenheit umzu-
wandeln (Beispiel: nicht stehen, sondern standen).**

> stehen · zucken · sich verstecken · toben · geschehen · arbeiten · verschwinden ·
> spielen · scheinen · sich sonnen · liegen · erscheinen

Donnerwetter!

Es _____ an einem Samstag im vorigen Sommer. Mein Vater _____ an diesem Nach-

mittag in der Gartenwerkstatt. Meine Mutter _____ auf unserer Terrasse und ich

_____ direkt daneben mit meiner Eisenbahn. Die Sonne _____ an diesem Tag

besonders heiß und es _____ eine drückende Hitze in der Luft. Nach einiger Zeit

_____ schwarze Wolken am Himmel und die Sonne _____ dahinter. Plötzlich

_____ auch ein Sturm über uns. Im Nu _____ alle im Haus. Als wir drinnen am Fens-

ter _____, erschrak ich jedes Mal, wenn am dunklen Himmel grelle Blitze _____ .

A2 Finde statt „machen" abwechslungsreichere Ausdrücke. `5`

a) das Frühstück <u>machen</u> _____

b) einen Kuchen <u>machen</u> _____

c) die Augen <u>zumachen</u> _____

d) die Tür <u>aufmachen</u> _____

e) einen Ausflug <u>machen</u> _____

A3 Wie lautet der Sammelbegriff? `5`

a) Spatz, Kuckuck, Rabe, Krähe _____

b) Bluse, Rock, Hose, Pullover _____

c) Saft, Milch, Schorle, Wasser _____

d) Fußball, Tennis, Hockey, Reiten, Schwimmen _____

e) Teller, Tasse, Schale, Glas _____

oder:
www.schuelerhilfe.de
/gute-noten
CODE `3274`

bearbeitet am _____   zu erreichende Punktzahl: 22   erreichte Punktzahl des Schülers

➡ Ab **18** erreichten Punkten kannst du zum nächsten Test übergehen.

Test 100 Passende Überschriften finden

Schwierigkeits-grad

A1 **Wahr oder falsch? Kreuze an.** 5

		wahr	falsch
a)	Eine Überschrift ist immer ein ganzer Satz.	☐	☐
b)	Die Überschrift soll die Aufmerksamkeit des Lesers wecken.	☐	☐
c)	Das erste Wort einer Überschrift wird immer großgeschrieben.	☐	☐
d)	Die Überschrift eines Zeitungsartikels soll nicht die Aufmerksamkeit des Lesers wecken.	☐	☐
e)	Jede Überschrift muss ein Nomen haben.	☐	☐

A2 **Entscheide, ob die folgenden Überschriften für einen Zeitungsartikel (Z) oder eine Geschichte (G) geeignet sind. Schreibe die jeweilige Abkürzung in die Klammern.** 6

a) Einbruch beim Juwelier Goldschmied in der Berliner Straße (.....)

b) Rentner bei Verkehrsunfall mit Motorroller schwer verletzt (.....)

c) Die geheimnisvolle Insel (.....)

d) Die letzte Klassenfahrt (.....)

e) Platzregen verursacht Verkehrschaos auf der A2 bei Köln (.....)

f) Ein ereignisreicher Sonntagmorgen (.....)

A3 **Welche Überschrift passt zu folgender Geschichte am besten? Kreuze an.** 2

Anna verbrachte die Ferien bei ihrer Oma. Sie hatte das Zimmer ganz oben im Haus, auf dem Dachboden. Nach einem ereignisreichen Tag, brachte sie die Oma ins Bett und wünschte ihr eine erste gute Nacht in ihrem neuen Zimmer. Als Anna nun alleine im Zimmer war und von draußen das Mondlicht in ihr Zimmer schien, hörte sie plötzlich ein Klopfen an die Fensterscheibe. Anna erschrak. Was war das für ein Geräusch. Und schon klopfte es erneut an die Scheibe. Von der Angst gepackt, lief Anna aus dem Zimmer zu ihrer Oma und berichtet von dem Klopfen. Annas Oma wirkte nicht sehr überrascht und erklärte Anna lächelnd, es wären nur Äste, die an das Fenster schlugen. Am nächsten Morgen schnitten die beiden die Äste ab und Anna konnte ihre restlichen Ferien sehr gut schlafen.

a) ☐ Ferien bei Oma

b) ☐ Eine unruhige Nacht

c) ☐ Annas Ferien

d) ☐ Oma ist die Beste

oder:
www.schuelerhilfe.de/gute-noten
CODE 3877

bearbeitet am zu erreichende Punktzahl: 13 erreichte Punktzahl des Schülers

➡ Ab **10** erreichten Punkten kannst du zum nächsten Test übergehen.

Test 101 — Passende Überschriften finden

Schwierigkeits-
grad

A1 Ordne diese Überschriften in a) bis g) zu. Trage die Zahl in die Klammer ein. ⎢ 7

1. Mein Ausflug in den Zoo   2. Die Nacht im Wald   3. Das Sommerhaus   4. Das versunkene Schiff   5. Der geheimnisvolle Fremde   6. Die Einschulung   7. Familie Müller auf Reisen

a) Familie, Urlaub, Strand, Sonne (___)   **b)** 1. Schultag, Einschulung, Kinder, Lehrer (___)   **c)** Löwe, Giraffe, Elefant, Rucksack, Familie (___)   **d)** Wohnmobil, Kinder, Eltern, Urlaub, Strand, Berge (___)
e) Unbekannter Mann, Hut, Sonnenbrille, verbirgt etwas (___)   **f)** Bäume, Wind, Dunkelheit, Mondlicht, Stille (___)   **g)** Meeresgrund, Algen, Wrackteile, Fische (___)

A2 Trage die Nummer in die Lücke der dazu passenden Überschrift ein. ⎢ 5

a) ___ Das Ausmaß   **c)** ___ Das lodernde   **d)** ___ Der auslösende   **e)** ___ Der achtlose
b) ___ Der Löschzug   Feuer   Funke   Fahrer

1. An einem heißen Sommertag im August, fuhr ein Mann mit seinem Auto über die Landstraße. Die Fahrt führte durch grüne Wälder und vorbei an goldgelben Kornfeldern. Der Mann rauchte im Auto und warf die brennende Zigarette während der Fahrt achtlos aus dem Fenster. Er dachte nicht weiter darüber nach, wie gefährlich das im Sommer sein konnte. Wenn Büsche und Bäume lange keinen Regen gehabt haben, trocknen sie richtig aus und können sehr schnell anfangen zu brennen. In diesem Jahr war es ein heißer und regenarmer Sommer.

2. Einige Zeit später fuhr eine Familie mit Ihrem Auto an der gleichen Stelle vorbei, an der der Mann seine Zigarette aus dem Auto geworfen hatte. Aus dem Straßengraben qualmte es und es war eine kleine Flamme zu sehen. Die Familie alarmierte im nächsten Ort sofort die Feuerwehr. Der Brandmeister gab Alarm. Alle Feuerwehrmänner liefen zu den Feuerwehrautos und brausten mit Blaulicht und tatü tata los.

3. Schon von weitem konnten sie Rauch am Himmel sehen. Als sie an die Stelle kamen, war aus der kleinen Flamme ein großes Feuer geworden. Die ausgetrockneten Gräser und Sträucher im Straßengraben brannten lichterloh. Das Feuer drohte auf das benachbarte Kornfeld über zu greifen.Sofort rollten die Feuerwehrmänner Schläuche aus und begannen mit den Löscharbeiten. Das Feuer wurde trotzdem schnell größer. Alleine schafften sie es nicht gegen die Flammen anzukommen. Das Feuer war auf das benachbarte Feld übergesprungen und verbreitete sich rasent schnell. Der Brandmeister forderte Verstärkung an. Nach kurzer Zeit kamen auf allen Straßen Feuerwehren mit Blaulicht und tatü tata heran gesaust. Von den umliegenden Nachbarorten kamen Feuerwehrleute an die Brandstelle.

4. Am Ende des brennenden Feldes stand eine Scheune. Das Feuer hatte sie bereits erreicht. Der Feuerwehrhauptmann rief seinen Leuten zu: „Versucht die Scheune zu retten"! Doch es war schon zu spät, aus dem Dach schlugen längst die Flammen in den Himmel. Die Feuerwehrleute löschten so gut sie konnten, aber die Scheune war nicht zu retten. Nur gut, dass darin keine Tiere oder Menschen waren. Dort wurde nur Stroh gelagert.

5. Drei Stunden kämpften die Männer gegen die Flammen. Schließlich hatten sie das Feuer unter Kontrolle. Es gab nur noch vereinzelte Brandnester, die immer wieder aufflackerten. Sie wurden jedoch schnell gelöscht. Und als es Abend wurde, war es geschafft, das Feuer war aus. Am Abendhimmel konnte man das Blaulicht von 20 Feuerwehrautos sehen.   Quelle: www.kinder-geschichte.de/scheunenbrand.php

oder:
www.schuelerhilfe.de
/gute-noten
CODE   3877

bearbeitet am _____   zu erreichende Punktzahl: 12   erreichte Punktzahl des Schülers

➦ Ab **10** erreichten Punkten kannst du zum nächsten Test übergehen.

Test 102 Passende Überschriften finden

Schwierigkeits-
grad

A1 **Trage die Nummer in die Lücke der dazu passenden Überschrift ein.** 6

1) ...... Die Strafe **3)** ...... Der Einkauf **5)** ...... Das glückliche Ende
2) ...... Der Polizeieinsatz **4)** ...... Die Spurensicherung **6)** ...... Das demolierte Auto

1. An Samstag fuhr Familie Klein zum Supermarkt. Sie parkten ihr neues Auto auf dem Parkplatz vor dem Markt. Die Töchter Lisa und Marie wollten sich etwas von ihrem Taschengeld kaufen. Nach einer Weile hatten sie alles Nötige besorgt. Lisa hatte sich eine Zeitschrift ausgesucht, Marie etwas Süßes. „So, Kinder", sagte Herr Klein, „der Einkaufswagen ist voll und unser Portemonnaie vermutlich gleich leer. Lasst uns zur Kasse gehen." Nachdem alles bezahlt war schoben sie den schweren Einkaufswagen zum Auto.

2. Als der Vater den Kofferraum aufmachen wollte, entdeckte er eine große Schramme am Auto. „Ach herje, was ist denn das?", rief er „da ist ja eine riesige Beule in unserem Auto". Die Kinder und die Mutter staunten: „Das gibt's doch gar nicht, unser schönes neues Auto"! „Ich rufe die Polizei. Nicht einmal eine Adresse hat der Unfallfahrer hinterlassen".

3. Herr Klein tippte die 110 und erzählte was passiert war. „Bleiben sie wo sie sind", sagte der Polizist am Telefon, „es kommen gleich Kollegen zu Ihnen raus". Kurze Zeit später fuhr ein Streifenwagen auf den Parkplatz. Der Vater gab den Beamten Zeichen.

4. „Guten Tag. Was ist denn hier passiert?" Die Eltern erzählten die Geschichte. Die Polizisten schrieben alles auf und machten Fotos von dem Auto. „An der Beule sind noch grüne Farbspuren zu sehen. Waren die schon vorher?", fragte der Polizist. „Nein", antwortete der Vater, „die sind neu". „Dann hatte der Unfallwagen bestimmt eine grüne Lackierung. Da werde ich die Autowerkstätten abfragen, ob ein grünes Auto repariert wurde. Außerdem melde ich allen Streifekollegen, dass sie auf ein beschädigtes grünes Auto achten sollen".

5. „Sperren sie den flüchtigen Autofahrer ein?", wollte Marie wissen. „Als erstes", erklärte der Polizist, „muss der Fahrer, der das Auto beschädigt hat, den Schaden bezahlen. Dann wird wahrscheinlich noch eine Strafe wegen Fahrerflucht auf ihn zukommen. Aber für eine Beule muss eigentlich niemand ins Gefängnis." Zum Vater sagte der Polizist: „Wir melden uns bei Ihnen, wenn wir etwas in Erfahrung bringen". „Vielen Dank, da bin ich mal gespannt".

6. Einige Tage später informierte die Polizei tatsächlich Familie Klein darüber, dass der Unfallfahrer gefunden wurde. Er war einem Kollegen bei einer Streifenfahrt aufgefallen. Der Wagen war am Kotflügel beschädigt und es klebte sogar noch die rote Farbe vom Auto der Familie daran. Der Fahrer hatte bei der Vernehmung im Polizeigebäude alles zugegeben. Er sagte, dass er es sehr eilig gehabt hatte und deshalb weitergefahren sei. Der Unfallfahrer musste 500 € Strafe bezahlen. Natürlich bezahlte er auch den Schaden am Auto der Familie.

A2 **Welche Überschrift passt zur gesamten Geschichte? Kreuze an.** 2

a) ☐ Bei der Polizei ist es spannend **c)** ☐ Immer das gleiche beim Einkaufen

b) ☐ Der unsichere Einkauf **d)** ☐ Wocheneinkauf mit bösen Folgen

oder:
www.schuelerhilfe.de
/gute-noten
CODE 3877

bearbeitet am   zu erreichende Punktzahl: 8   erreichte Punktzahl des Schülers

➡ Ab **6** erreichten Punkten kannst du zum nächsten Test übergehen.

LE 3: Schreiben

Test 103 **Bilder beschreiben**

grad Schwierigkeits-

A1 **Kreuze die Aussagen an, die bei der Beschreibung des Bildes zutreffend sind.** 8

a) ☐ Die Lehrerin trägt einen Hut.

b) ☐ Sechs Schüler sind zu sehen.

c) ☐ Auf der Tafel ist ein Frosch abgebildet.

d) ☐ Ein Mädchen trägt eine Mütze.

e) ☐ Die Schüler sitzen auf dem Boden.

f) ☐ Die Lehrerin trägt eine Hose.

g) ☐ Die Lehrerin zeigt mit dem Finger auf die Tafel.

h) ☐ Die Schüler haben alle einen eigenen Tisch.

A2 **Ordne die folgenden Beschreibungen den zwei Personen auf dem Bild zu. Manche Beschreibungen treffen auf beide zu.** 16

kurze Haare · lange Haare · Kleid · Jeans · Mädchen ·
Junge · braune Haare · Hemd · runder Kopf · Turnschuhe ·
angewinkeltes Bein · verschränkte Arme · Sandalen

Person links	Person rechts
a)	a)
b)	b)
c)	c)
d)	d)
e)	e)
f)	f)
g)	g)
h)	h)

oder:
www.schuelerhilfe.de
/gute-noten
CODE 5100

---

bearbeitet am   zu erreichende Punktzahl: 24   erreichte Punktzahl des Schülers

➡ Ab **19** erreichten Punkten kannst du zum nächsten Test übergehen.

Test **104**   Bilder beschreiben

Schwierigkeits-grad

A1   **Schreibe die Wörter heraus, die zur Beschreibung des Bildes verwendet werden können.**   ☐ 6

Strand · Bäume ·
Sandburg · Schwimmbad ·
Sand · Sonnenschirm ·
Regen · Eis ·
Sonne · Eimer ·
Windig · Surfbrett ·
Meer · Delphin ·
Strandtuch · Sonnenbrille ·
Ball · Wellen ·
Bücher

....

....

A2   **Kreuze an, welche Überschriften zur Beschreibung dieses Bildes passen.**   ☐ 2

a) ☐ Ein Tag am Meer.

b) ☐ Ein Ausflug in die Berge.

c) ☐ Ein regnerischer Tag.

d) ☐ Ein heißer Sommertag.

e) ☐ Der Sandburgen Bau.

f) ☐ Mein Surf-Erlebnis.

A3   **Setze die folgenden Wörter an der passenden Stelle im Text ein.**   ☐ 9

Strand · Strandtasche · Strandtuch · Flip Flops · Meer · Sonne ·
Sonnenbrille · Sand · Sonnenhut

Das Bild zeigt einen .... Auf dem .... liegt links eine ...., aus der ein

.... herausragt. Eine .... ist am Rand befestigt. Davor

liegt ein .... mit schwarzer Schleife. Dahinter wurden

zwei .... in den Sand gesteckt. In der Ferne kann man

das .... sehen und die .... scheint.

oder:
www.schuelerhilfe.de
/gute-noten
CODE   **5100**

bearbeitet am [   ]   zu erreichende Punktzahl: 17   erreichte Punktzahl des Schülers [   ]

➡ Ab **14** erreichten Punkten kannst du zum nächsten Test übergehen.

Test 105 · Bilder beschreiben

Schwierigkeits-
grad ▣▣▣

A1 Bringe die einzelnen Beschreibungen des Bildes in eine Reihenfolge. | 10
Ordne sie von links nach rechts. Liegen zwei Beschreibungen auf einer Höhe,
beginne mit Vorder- dann Hintergrund.

a) .... Stuhl mit Handtuch

b) .... offene Türen

c) .... Flagge

d) .... gestreifetes Haus

e) .... großer Baum

f) .... Rucksack

g) .... Sterne

h) .... Sonnenschirme

i) .... Tisch

j) .... Liegestuhl

A2 Fülle die Lücken des Textes, der das obrige Bild beschreibt mit den
vorgegbenen Wörtern. | 10

> Sonnenliege · Strand · Häuser · Flagge · Sterne · Türen · Gestreiftes ·
> Sonnenschirmen · Tische · Rucksack

a) Zu sehen ist ein .... auf dem sich verschiedene .... befinden.

b) Ganz links steht ein Haus, auf dessen Tür eine .... gemalt wurde

   sowie ....

c) In dem Haus daneben sind die .... geöffent.

d) Vor dem Haus befinden sich zwei .... mit eingeklappten ....

e) Davor steht eine ....

f) Rechts daneben befindet sich ein .... Haus vor dem

   ein .... liegt.

oder:
www.schuelerhilfe.de
/gute-noten
CODE 5100

bearbeitet am _____   zu erreichende Punktzahl: 20   erreichte Punktzahl des Schülers _____

➡ Ab **16** erreichten Punkten kannst du zum nächsten Test übergehen.

© ZGS Bildungs-GmbH   *Deutsch 3/4* · 111

Test 106   Das Schreiben von Erzählungen

Schwierigkeits-
grad

A1   **Eine gute Erzählung beginnt mit einer Einleitung. Kreuze an, welche folgenden Sätze für eine Einleitung geeignet sind.**

3

a) ☐ Es war einmal ...

b) ☐ Schließlich saßen alle beisammen ...

c) ☐ An einem schönen Samstagmorgen ...

d) ☐ Daraus habe ich gelernt!

e) ☐ Anschließend dachte ich ...

f) ☐ Irgendwann im Herbst ...

A2   **Fülle die Lücken des Textes mit den vorgegebenen Wörtern aus.**

3

Einleitung · Höhepunkt · Schluss

a) Jede gute Erzählung braucht eine interessante ....

b) Der .... ist der spannende Teil der Geschichte.

c) Der .... sollte mit wenigen Sätzen die Geschichte zusammenfassen.

A3   **Wortwiederholungen machen Geschichten langweilig. Ersetze die folgenden Lücken durch ein passendes Wort. Achtung: Nicht alle Wörter werden verwendet!**

2

lief · flüsterte · schnarchte · antwortete · las · hörte

„Hast du schon den Fuchs entdeckt?", fragte Henni der Hase.

„Natürlich, aber hast du denn auch den Frosch gesehen?", ... Robin das Reh.

„Nein, ich glaube, er schläft beim See. Wollen wir beide dann alleine essen?", ... Henni der Hase.

oder:
www.schuelerhilfe.de
/gute-noten
CODE   8472

bearbeitet am ....   zu erreichende Punktzahl: 8   erreichte Punktzahl des Schülers ....

➡ Ab **6** erreichten Punkten kannst du zum nächsten Test übergehen.

Test 107   Das Schreiben von Erzählungen

Schwierigkeits-
grad

A1   Kreuze an, was man beim Schreiben einer guten Erzählung beachten sollte.   2

a) ☐ Die Geschichte braucht einen Höhepunkt

b) ☐ Wörtliche Rede

c) ☐ Oft die gleichen Wörter benutzen (z. B. dann, sagte ...)

d) ☐ Keine Zusammenhänge zwischen den Sätzen

A2   Für eine gute Geschichte sind Gespräche wichtig. Lies den folgenden Dialog und trage passende Antworten ein.   6

Bis bald · Filzstifte · Na klar · Stifte · Tüte · Wie viel kostet das

Im Bastelladen

Celina   Hallo, ich bräuchte ein paar Mappen und ....

Verkäuferin   Die findest du neben den Heften. Möchtest du Filz- oder Buntstifte?

Celina   Dankeschön! Bunte habe ich schon, ich hätte gerne ....
                Können Sie mir nochmal zeigen, wo ich die finde?

Verkäuferin   .... Folge mir!

Celina   .... ?

Verkäuferin   Das macht 5,99 €. Benötigst du eine .... ?

Celina   Nein, Danke, ich habe einen Beutel dabei.

Verkäuferin   Okay. Dann wünsche ich dir viel Spaß damit! .... !

Celina: Auf Wiedersehen!

oder:
www.schuelerhilfe.de
/gute-noten
CODE   8472

bearbeitet am   zu erreichende Punktzahl: 8   erreichte Punktzahl des Schülers

➡ Ab **6** erreichten Punkten kannst du zum nächsten Test übergehen.

Test 108 — Das Schreiben von Erzählungen

Schwierigkeits-
grad

A1 Fülle die Lücken des Textes mit den vorgegebenen Wörtern aus. 7

| abgeschlossen · Einleitung · Sinn ergeben · Höhepunkt · zusammenfassen · spannende · Schluss |

Jede gute Erzählung braucht eine interessante ....

Der .... ist der .... Teil der Geschichte.

Nachfolgende Sätze müssen einen ....

Der .... sollte mit wenigen Sätzen die Geschichte ....

und ....

A2 Setze die folgenden Sätze richtig zusammen, um eine Geschichte zu erzählen. 9
Schreibe diese anschließend in der richtigen Reihenfolge auf.

.... Nun war er am Nordpol und auf den ersten Blick war niemand zu sehen, der ihm sagen konnte, in welche Richtung er zurückschwimmen musste.

.... Es war einmal ein weißer Pinguin namens Paul, der sich versehentlich am Nordpol befand.

.... Paul erschrak und schrie.

.... „Hey kleiner Mann, falls du zum Südpol willst, musst du dort entlang!" Der Eisbär zeigte mit seiner Tatze Richtung Süden.

.... Seine Freunde erwarteten ihn mit ausgestreckten Flügeln. „Schön, dass du wieder da bist, Paul!"

.... Eigentlich wollte er zu seinen Freunden zum Südpol schwimmen, aber er schwamm in die falsche Richtung.

.... Nun erschrak auch der Eisbär hinter ihm, dann lachte er.

.... „Danke, lieber Eisbär", antwortete Paul und schwamm glücklich nach Hause.

.... Plötzlich hörte er ein Grölen.

....

....

....

....

....

....

....

....

oder:
www.schuelerhilfe.de
/gute-noten
CODE 8472

bearbeitet am [   ] zu erreichende Punktzahl: 16 erreichte Punktzahl des Schülers

➥ Ab **13** erreichten Punkten kannst du zum nächsten Test übergehen.

Test **109**   Die Schreiben von Sachtexten

Schwierigkeits-
grad

A1   **Kreuze an, welche Satzanfänge sich beim Schreiben von Sachtexten eignen.**   4

a) ☐ Zunächst ...

☐ Auf einmal ...

b) ☐ Plötzlich ...

c) ☐ In diesem Augenblick ...

d) ☐ Zum Schluss ...

e) ☐ Zuerst ...

f) ☐ Anschließend ...

g) ☐ Vergeblich ...

A2   **Trage die passenden Satzanfänge in die Lücken ein.**   8

Anschließend · Zu guter Letzt · Nun · als Nächstes · Zum Schluss · Daraufhin ·
Währenddessen · Jetzt

Zuerst bereite alle Zutaten vor, die du brauchst. _____ nehme eine

große Schüssel. _____ schlage zwei Eier hinein.

_____ gebe ebenfalls 125g Mehl dazu. _____ schütte

nach und nach Milch hinzu. _____ rühre alles zusammen bis die Masse

stockig wird. _____ gebe eine Kochkelle der Masse in eine heiße Crêpes-Pfanne.

_____ verteile sie gleichmäßig und wende sie einmal. Fertig!

_____ wünsche ich dir einen guten Appetit!

A3   **Kreuze die richtigen Antworten an!**   4

a) Sachtexte müssen ...

☐ die eigene Meinung wiedergeben.   ☐ spannend sein.   ☐ informativ sein.

b) Sehr wichtig ist, dass der Text ...

☐ sachlich ist.   ☐ viel wörtliche Rede enthält.   ☐ eine interessante Hauptperson besitzt.

c) Die Zeitform muss in der ...

☐ Gegenwart sein.   ☐ Zukunft sein.   ☐ Vergangenheit sein.

d) Die richtige Perspektive ist die ...

☐ Er-Perspektive   ☐ Du- oder Man-Perspektive   ☐ Sie- oder Es-Perspektive

oder:
www.schuelerhilfe.de
/gute-noten
CODE   5880

bearbeitet am _____   zu erreichende Punktzahl: 16   erreichte Punktzahl des Schülers _____

➡ Ab **13** erreichten Punkten kannst du zum nächsten Test übergehen.

Test **110**   Die Schreiben von Sachtexten

Schwierigkeits-
grad

A1 **Streiche alle Sätze durch, die in keinen Sachtext gehören.** 6

a) Am Montag wird die Höchsttemperatur 23 Grad betragen, die Stimmung steigt daher ins Unermessliche.

b) Um eine ausgewogene Mahlzeit zu kochen, benötigen Sie frisches Gemüse. Dadurch fühlen Sie sich wie Superman!

c) Plötzlich schoss der Bankräuber auf einen Polizisten. Drei Geiseln konnten befreit werden.

d) Zunächst fahren Sie die Schlossstraße bis zur nächsten Kreuzung. Anschließend wird Ihnen schon einfallen, wie Sie weiter nach Hause kommen!

e) Bei dem Höhepunkt seiner Heldentat wuchsen ihm Flügel. Des Weiteren benötigt man eine Versicherung.

f) „Vorsicht!", schrie der Schornsteinfeger! Zu ihrer eigenen Sicherheit benötigen Sie die richtige Arbeitskleidung.

A2 **Sind die folgenden Aussagen wahr oder falsch? Kreuze an.** 8

	wahr	falsch
Ein Sachtext wird immer im Plusquamperfekt verfasst.	☐	☐
In einem Sachtext sollte man möglichst ausführlich seine eigene Meinung einbringen.	☐	☐
Kochrezepte, Bastelanleitungen und Zeitungstexte gehören zu den Sachtexten.	☐	☐
Sachtexte werden sachlich verfasst. Das bedeutet, das man nicht über seine eigene Meinung schreibt.	☐	☐
Sachtexte werden immer in der Ich-Form verfasst.	☐	☐
Märchen gehören zu den Sachtexten.	☐	☐
Der Inhalt von Sachtexten ist frei erfunden.	☐	☐
Wenn man eine Zeitung aufschlägt, findet man eine Vielzahl von Sachtexten.	☐	☐

oder:
www.schuelerhilfe.de
/gute-noten
CODE   5880

bearbeitet am   zu erreichende Punktzahl: 14   erreichte Punktzahl des Schülers

➡ Ab **11** erreichten Punkten kannst du zum nächsten Test übergehen.

Test 111 Die Schreiben von Sachtexten

Schwierigkeits-
grad

A1 **Hoppla, in diesem Backrezept fehlen einige Lücken. Fülle sie aus.** 13

Ausgekühlt · gemahlene · geraspelte · Karotten · Karottenkuchen · Mehl · Ofen ·
Puderzucker · schaumig · Teig · Verzierungen · zimmerwarmen · Zucker

1) Für den .... benötigt man .... , braunen .... ,
Butter, Milch, Eier, Mehl, Haselnüsse und Backpulver.

2) Desweitern wird Frischkäse und .... für die Verzierung verwendet.

3) Zuerst wird der Zucker mit der .... Butter .... geschlagen.

4) Dann werden zwei Eier untergemengt.

5) In einer anderen Schüssel werden .... und Backpulver gemischt, die anschließend untergehoben werden.

6) Zu guter Letzt werden .... Karotten und .... Haselnüsse dem
Teig hinzugefügt.

7) Nachdem man den .... vorgeheizt hat, wird der Kuchen für 20 Minuten
gebacken.

8) Wenn der Kuchen .... ist, können .... aufgetragen werden.

A2 **Beantworte folgende Fragen und Aussagen zum Text.** 4

a) Welche Zutaten braucht man für den Kuchen?

....

....

....

b) Welcher Fehler findet sich in dem Backrezept?

☐ fehlende Mengenangaben ☐ falsche Zeitform ☐ Anrede

c) Der Kuchen wird bei 180° C gebacken.

☐ wahr ☐ falsch ☐ keine Angabe

d) Puderzucker und Frischkäse werden für Verzierungen verwendet.

☐ wahr ☐ falsch

oder:
www.schuelerhilfe.de
/gute-noten
CODE 5880

bearbeitet am .... zu erreichende Punktzahl: 17 erreichte Punktzahl des Schülers

➤ Ab **14** erreichten Punkten kannst du zum nächsten Test übergehen.

Test **112** Abschlusstest · Teil 1 von 3

A1 **Lies die folgenden Sätze und kreuze den jeweils richtigen Satz an.** `4`

a) ☐ Egal, ob wir mal Verlierer sind, wir kämpfen weiter!
☐ Egal, ob wir mal verlierer sind, wir kämpfen weiter!

b) ☐ Wenn wir uns Alle anstrengen, dann können wir es gemeinsam schaffen!
☐ Wenn wir uns alle anstrengen, dann können wir es gemeinsam schaffen!

c) ☐ Morgen mittag werden Pierre und ich uns zum Fußball spielen treffen.
☐ Morgen Mittag werden Pierre und ich uns zum Fußballspielen treffen.

d) ☐ Am besten bauen wir das Baumhaus im Garten.
☐ Am Besten bauen wir das Baumhaus im Garten.

A2 **Entscheide dich bei den folgenden Sätzen für den richtigen s-Laut.** `3`

a) Wir können uns sicher sein, da_____ wir morgen beim Sportunterricht sehr viel Spa_____ haben werden.

b) Da_____ i____t da_____ Wa____er, da_____ wir auch zu Hau_____e trinken.

c) Dieses scharfe Me_____er, da_____ ist zwar nicht da_____ Grö____te, aber da_____ Be____te!

A3 **Kreuze alle Wörter an, die einen kurzen Stammvokal haben.** `6`

a) ☐ Bett   **d)** ☐ Floß   **g)** ☐ Tasse   **j)** ☐ Gruß

b) ☐ Schlaf   **e)** ☐ Hass   **h)** ☐ Glas   **k)** ☐ Stumpf

c) ☐ Gast   **f)** ☐ Liebe   **i)** ☐ Treppe   **l)** ☐ Hase

Test 112 — Abschlusstest · Teil 2 von 3

A4 **Entscheide dich für die richtige Schreibweise und trage sie ein.** | 4 |

a) Unser Hund schläft lieber draußen bei den Blumen im _____ (BETT/BEET), statt in meinem Zimmer auf dem _____ (BETT/BEET).

b) Im Sommer fahren wir gerne ans _____ (MEHR/MEER), im Winter

---

A5 **Kreuze alle Adjektive an.** | 5 |

a) ☐ WICHTIG   **d)** ☐ SCHLAG   **g)** ☐ WUNDER

b) ☐ MÜDE   **e)** ☐ KLEIN   **h)** ☐ HARTNÄCKIG

c) ☐ SCHLAFEN   **f)** ☐ STEMPEL   **i)** ☐ ERFOLGREICH

A6 **Schreibe folgende wörtliche Rede ab. Setze die richtigen Satzzeichen und trage die richtigen Satzverknüpfungen (weil, das, dann, und, die) ein.** | 15 |

Wenn wir alle zusammenarbeiten _____ werden wir ein Meisterwerk erschaffen _____ jeder

kaufen möchte. Wir werden große Künstlerinnen _____ von allen Lehrern gelobt werden

_____ wir etwas Großartiges geschaffen haben _____ deshalb ausgezeichnet werden sollen

darauf wette ich motivierte Lara ihre Freundinnen

_____

_____

_____

_____

A7 **Kreuze alle Wörter mit richtiger Silbentrennung an.** | 4 |

a) ☐ WE-TTE   **d)** ☐ HE-ITER-KEIT   **g)** ☐ FAM-I-LIE

b) ☐ WAS-SER   **e)** ☐ EI-FRIG   **h)** ☐ NA-TÜR-LICH

c) ☐ WAN-DER-UNG   **f)** ☐ ZU-BE-REI-TUNG   **i)** ☐ BLUM-IG

A 8   **Bilde aus den Nomen im Singular ihre Pluralform und verwende den richtigen Artikel.**   [7]

a) die Tochter ➡ ....   e) die Pizza ➡ ....

b) das Glas ➡ ....   f) der Kaktus ➡ ....

c) die Leiter ➡ ....   g) das Theater ➡ ....

d) das Schwert ➡ ....

A 9   **Bestimme bei dem unterstrichenen Nomen, um welchen Fall (Dativ, Genetiv, Akkusativ, Nominativ) es sich handelt.**   [4]

a) Ein Kalb saß alleine auf der Weide   ....

b) Eine Kuh nahm sich des Kalbes an.   ....

c) Sie erzählte dem Kalb eine beruhigende Geschichte.   ....

d) Und brachte damit das Kalb wieder zum Lachen.   ....

A 10   **Konjugiere die Verben nach angegebener Zeit und Person.**   [3]

a) 1. Person, Singular, 1. Vergangenheit *(Präteritum)*, gehen   ....

b) 2. Person, Plural, 2. Vergangenheit *(Perfekt)*, haben   ....

c) 1. Person, Plural, Zukunft *(Futur I)*, sehen   ....

d) 3. Person, Singular *(maskulin)*, Gegenwart *(Präsens)*, fahren   ....

A 11   **Deklination von Adjektiven: Fülle die Tabelle.**   [6]

Positiv	Komparativ	Superlativ
hoch		am höchsten
	schneller	
gut		
gern		am liebsten

bearbeitet am ....   zu erreichende Punktzahl: 61   erreichte Punktzahl des Schülers

➡ Ab **49** erreichten Punkten hast du den Abschlusstest bestanden.

Test 1 – Groß- und Kleinschreibung

A1 9 Punkte

a) ☒ Verben (Tun-Wörter)
b) ☐ Nomen (Hauptwörter)
c) ☒ Adjektive (Wie-Wörter)
d) ☒ Pronomen (Fürwörter)
e) ☒ Adverbien (Umstandswörter)
f) ☒ Konjunktionen (Bindewörter)
g) ☒ Artikel (Begleiter)
h) ☒ Präpositionen
i) ☒ Zahlwörter

A2 2 Punkte

a) ☒ Ich treffe morgen Abend meine Freunde im Kino.
b) ☒ Am liebsten gehe ich sonntags ins Schwimmbad.

A3 4 Punkte

a) Im Frühling werden die Blätter grün.
b) Die Pflanzen fangen an zu sprießen.
c) Morgens wird man von Vogelgezwitscher geweckt.
d) Die Temperaturen werden wärmer, aber es kann viel regnen.

Test 2 – Groß- und Kleinschreibung

A1 2 Punkte

a) ☒ Ich habe Ihnen einen Brief geschrieben.
b) ☒ Am Sonntagmorgen trifft er seine Groß-eltern in der Stadt.

A2 4 Punkte

a) Im Sommer spielen die Kinder ausgelassen im Freibad.
b) Die Sonne scheint oft und viel. Das macht mir gute Laune.
c) Es sind viele Menschen draußen unter-wegs und besuchen die Eisdiele.
d) Am schönsten sind die langen Sommerferien.

A3 1 Punkt

Mein Lieblingsbuch lese ich am liebsten in der Hängematte.

Test 3 – Groß- und Kleinschreibung

A4 4 Punkte

a) Im Herbst verfärben sich die Blätter bunt und fallen von den Bäumen.
b) Das Wetter wird schlechter, es gibt viel Wind und Regen. Manchmal sogar Herbst-stürme.
c) Die Tiere bereiten sich auf den Winter vor, sie sammeln zum Beispiel Futter.
d) Am liebsten laufe ich im Herbst durch den Wald und trinke anschließend eine Tasse heiße Schokolade.

A5 8 Punkte

a) Das Sprechen lernt man als kleines Kind.
b) Zum Mittagessen gibt es heute Nudeln mit Tomatensoße.
c) Der kleine Mann mag die große Welt.
d) Der Kleine schläft schon seit zwei Stunden.

A6 1 Punkte

Die Sonne scheint heute besonders schön.

Test 4 – Groß- und Kleinschreibung

A1 6 Punkte

(+ 1 P. für richtiges Kreuz. – 1 P. für falsches Kreuz)

a) ☒ SANDRA
b) ☐ SICHERLICH
c) ☒ FLOß
d) ☐ GEMEIN
e) ☒ TREIBSAND
f) ☐ SANDIG
g) ☒ SCHLAF
h) ☐ DAS
i) ☐ ICH
j) ☐ JA
k) ☒ SCHAF
l) ☒ LIEBE

A2 9 Punkte

(+ 1 P. für richtiges Kreuz. – 1 P. für falsches Kreuz)

a) ☐ KARTE		j) ☐ SCHULE
b) ☒ SCHLAFEN		k) ☐ RIESENRAD
c) ☒ REDEN		l) ☐ REISE
d) ☐ DIÄT		m) ☒ SPAßIG
e) ☐ MUT		n) ☒ KLEIN
f) ☒ MUTIG		o) ☐ GRÖßE
g) ☒ KRANK		p) ☐ FUCHS
h) ☐ WINTER		q) ☒ MÜDE
i) ☒ LUSTIG		r) ☒ SO

A3 6 Punkte

a) wahr	d) wahr
b) falsch	e) wahr
c) falsch	f) falsch

Test 5 – Groß- und Kleinschreibung

A1 10 Punkte

(+ 1 P. für richtiges Kreuz. – 1 P. für falsches Kreuz)

a) ☒ Alleine	j) ☒ krankheit
b) ☒ Riesengroß	k) ☒ größe
c) ☐ wichtig	l) ☒ zwerg
d) ☐ Schlamassel	m) ☐ Land
e) ☒ Traurig	n) ☐ Wanderung
f) ☐ Mirja	o) ☒ Wunderlich
g) ☐ deutsch	p) ☐ Deutschland
h) ☐ Niedersachsen	q) ☒ internet
i) ☒ Winterlich	r) ☒ Für

A2 2 Punkte

a) falsch
b) falsch

A3 9 Punkte

Ich freue mich auf jeden Samstag, denn ich habe keine Schule und meistens findet ein Volleyballturnier statt, bei dem ich teilnehme. Mein Vater bringt mich immer zu dem Spielort. Mein Team ist immer hochmotiviert. Ab und zu verlieren wir, aber wenn wir alle unser Bestes ge-

ben, dann gewinnen wir. Mein Vater schaut vom Spielrand zu oder sitzt auf der Tribüne. Nach der Partie gehen wir immer Eis essen.

Test 6 – Groß- und Kleinschreibung

A1 5 Punkte

a) ☒ Der Detektiv konnte den Fall nicht lösen und tapple im Dunkeln.

b) ☒ Jeden Fünften im Monat findet ein Karaokeabend statt.

c) ☒ Alle seine Freunde wünschten ihm alles Gute.

d) ☒ Jeden Sommer machen ihre Familie und Mirja Urlaub auf einer der Ostfriesischen Inseln.

e) ☒ Wenn meine Mama kocht, schmeckt mir jedes Essen.

A2 9 Punkte

(+ 1 P. für richtiges Kreuz. – 1 P. für falsches Kreuz)

a) ☒ wanderung	j) ☐ geschrieben
b) ☐ leise	k) ☒ altar
c) ☒ müdigkeit	l) ☐ bunt
d) ☒ zeitzone	m) ☒ mund
e) ☒ kleinigkeit	n) ☐ schön
f) ☐ still	o) ☒ ring
g) ☐ winzig	p) ☐ traurig
h) ☒ ost-Europa	q) ☒ hilfe
i) ☐ langweilig	r) ☐ zwischen

A3 8 Punkte

a) Dienstag	e) Fantasie
b) Mittag	f) Reise
c) Schlaf	g) Katastrophe
d) Wichtigkeit	h) Wolken

Test 7 – S-Laute – s, ss, ß

A1 75 Punkte

1) sagen
2) Sessel
3) Sage
4) Ross
5) Schüssel
6) Glas
7) Kissen
8) Poster
9) Gas
10) Durst
11) knusprig
12) Kapsel
13) Bremse
14) esst
15) Atlas
16) Fluss
17) Bus
18) Rose
19) meistens
20) Drossel
21) fressen
22) fassen
23) passen
24) Nische
25) wissen
26) Wasser
27) Schuss
28) Verhältnis
29) lassen
30) prassen
31) Pause
32) Eis
33) Hass
34) physisch
35) explosiv
36) sprichst
37) zischen
38) pompös
39) quälst
40) schönste
41) böse
42) rennst
43) Ohrmuschel
44) übelste
45) Los
46) floss
47) Post
48) tust
49) löslich
50) nervös
51) Kasse
52) Mos
53) Ast
54) Käse
55) Öse
56) übst
57) Keks
58) Düse
59) Vase
60) Puls
61) Fels
62) Kuss
63) Erlös
64) blasen
65) pusten
66) Psyche
67) porös
68) Klasse
69) Kost
70) Rapsöl
71) Wäscheständer
72) Plastik
73) Asche
74) Hals
75) Erlaubnis

Test 8 – S-Laute – s, ss, ß

A1 104 Punkte

Wir gingen über Straßen und Wege. Ich dachte nicht daran, dass es schon so spät war. Also zogen wir durch die Gassen und genossen die Sommernacht. Es war nahezu heiß und wir schwitzten mächtig. Entlang unserer Straße bogen rechts und links vermummte Menschen in Gossen ab. Wir wunderten uns: Nirgends war eine leuchtende Straßenlaterne zu sehen. „Du bleibst doch hier bei uns, oder?", fragte mich Sascha. „Selbstverständlich", entgegnete ich. Also zogen wir weiter durch das stumme Örtchen. „Was alle andern wohl so machen?", dachte ich.

Die Post hatte immer noch geöffnet, sodass wir dem Schall der Töne, die auf die Straße flogen, folgten. Als wir bei der Post ankamen, stand dort ein Mann mit einem Messer in der Hand. Dieser holte gerade zum Schlag aus und eine Frau, die an der Kasse stand, schrie. Meine Füße fingen an zu zittern. Ich wurde nervös und ängstlich.

Plötzlich begann es zu regnen. Es goss förmlich wie aus Gießkannen. Petra scherzte aus Verunsicherung: „Wie gut, dann muss ich jetzt wenigstens meine Sträuße nicht gießen." Trotzdem hellte die Stimmung nicht auf. Allerdings

fuhr sie fort: „Ach Gott, ich habe meine Kissen draußen vergessen. Jetzt werden sie nass."
Gustav entgegnete sauer: „Kannst du nicht einfach deinen Rüssel halten?!" Es wurde still. Ich fragte mich, ob ich denn meinen Schlüssel mithätte, sodass ich, wenn ich nach Hause komme, auch die Tür offen schließen kann. „Ansonsten", dachte ich mir, „könnte ich ja die frisch gekauften Erdnüsse essen und vor der Tür schlafen. Oder, ich baue mir ein Floß und reise fort." Nachdem der Schauer vorüber war, kehrten wir noch bei Gustav auf zwei Tassen Tee ein und aßen leckere Kekse. Er gab auch seinem Hund etwas zu fressen. Vor Freude gab dieser Petra einen Kuss, was sie nicht gerade erfreute. „Hunde begrüßen nun mal so ihre Gäste", sagte Gustav, „deine Lippen werden schon nicht einreißen. Der Genuss eines Hundekusses ist doch toll." Wir grinsten allesamt. Nach dem Essen öffnete Gustav noch ein Fass Wein und wir genossen den restlichen Abend ohne, dass jemand vom Hund gebissen wurde. Petra sagte später, sie hätte vierunddreißig Grad gemessen. Was ein heißer Abend.

Test 9 – S-Laute – s, ss, ß

A1 6 Punkte

a) -s

b) -ss

c) -ß

d) -ß

e) -s

f) -s

A2 18 Punkte

Beispiellösungen:

	Beispiel 1	Beispiel 2	Beispiel 3
Regel 1	samt	sonst	Samson
Regel 2	müssen	küssen	wissen
Regel 3	Straße	Maße	groß
Regel 4	außen	beißen	reißen
Regel 5	Lust	Frust	List
Regel 6	Fotos	Akkus	CDs

A3 15 Punkte

a) Der Hase liegt im Klee.

b) Die Straße ist breit.

c) Die Gassen sind schmal.

d) „Vielen Dank für den schönen Strauß!"

e) „Ah! Da ist eine Maus!"

f) „Sieben Fässer Wein brauchen wir zur Hochzeit."

g) In der Küche liegen in der rechten Schublade vier scharfe Messer.

h) Eine Fleißaufgabe ist Arbeit, aber lohnenswert.

i) Der Sieger bekommt einen Preis

j) Ich lasse mich gern frisieren.

k) Die Klasse arbeitet ruhig.

l) Auf der Terrasse stehen viele schöne Blumen.

m) Mein Sitzkissen ist nass.

n) Ich aß Fleisch zum Abendbrot.

o) Das Glas ist halb voll.

Test 10 – S-Laute – s, ss, ß

A1 9 Punkte

a) Essen

b) besser

c) Er aß

d) Nase

e) nass

f) Riese

g) Seite

h) Fleiß

i) Fuß

A2 6 Punkte

(+ 1 P. für richtiges Kreuz. – 1 P. für falsches Kreuz)

a) ☒ MAS

b) ☐ MASSE

c) ☒ KLOS

d) ☐ BLOß

e) ☐ RASSEL

f) ☒ NAS

g) ☐ LASSEN

h) ☒ PRAßELN

i) ☒ KAßE

j) ☒ KÄßE

k) ☐ KRESSE

l) ☐ HASSEN

A3 22 Punkte

a) Morgens sollte ich besser zur Schule gehen.

b) Patrick hat mir gestern einfach den Ball weggenommen.

c) Am meisten Spaß macht mir der Deutschunterricht.

d) Meine Familie und ich essen jeden Abend gemeinsam.

e) Ich freue mich auf die Klassenfahrt im Sommer.

f) Schulschluss ist bei uns immer um 13 Uhr.

g) Was gibt es Schöneres, als im Wasser zu plantschen?

h) Meiner Mama ist gestern beim Kochen die Schüssel runtergefallen.

i) Die Suppe war super lecker und hat mich satt gemacht!

j) Der Rüssel des Elefanten war riesengroß!

k) Freitagnachmittags muss ich mich um den Stall kümmern.

l) Mit Messern spielt man nicht, das weiß doch jedes Kind!

m) Ich interessiere mich sehr für das Weltall.

Test 11 – S-Laute – s, ss, ß

A1 16 Punkte

Gestern hatte ich Geburtstag und alle meine Freunde waren da. Meine besten Freunde waren auch alle dabei. Wir haben sehr viel Spaß gehabt. Wir haben Reise-nach-Jerusalem gespielt. Dabei wird Musik gespielt und alle laufen um einen Stuhlkreis und wenn die Musik stoppt, müssen sich alle ganz schnell setzen. Derjenige, der die Musik abstellt, der stellt auch einen Stuhl beiseite. Kein Spiel ist besser für einen Geburtstag! Später gab es dann einen riesigen Benjamin Blümchen Kuchen, sein Rüssel war sogar aus Zuckerguss. Jedenfalls war es der beste Geburtstag, den ich je hatte!

A2 6 Punkte

(+ 1 P. für richtiges Kreuz. – 1 P. für falsches Kreuz)

a) ☐ TASSE
b) ☒ STOS
c) ☐ FLOß
d) ☐ GAST
e) ☒ FREßEN
f) ☒ LEßEN
g) ☐ PASSEN
h) ☒ FEßELN

i) ☒ MIßT
j) ☒ GRUSS
k) ☐ MAIS
l) ☐ TERASSE

A3 XX Punkte

a) In dem Film kocht die Ratte am liebsten mit **Käse**.

b) Zuhause benutzt meine Mutter einen **Gaskocher.**

c) An Halloween basteln wir immer gruselige **Kürbisse**.

d) Mit einem Zollstock haben wir mein Bett **gemessen.**

e) Alles läuft nach **Maß**.

f) Ich lasse mich von nichts **stressen**.

g) Mit meinem Skateboard fahre ich am liebsten über glatte **Straßen**.

h) An Weihnachten ist meinem Onkel eine **Vase** runtergefallen.

i) Manchmal muss ich zur Strafe das Treppenhaus mit einem **Besen** fegen.

Test 12 – S-Laute – s, ss, ß

A1 8 Punkte

a) Ich bin mir sicher, dass wir in den nächsten Sommerferien sehr viel Spaß haben werden.

b) Das Auto, das meinem Vater gehört, hat vor ein paar Tagen seinen Geist aufgegeben.

c) Das größte Ereignis, das uns bevorsteht, ist unsere Klassenfahrt!

d) Im Kindergarten wusste ich noch nicht, dass Schule auch anstrengend sein kann.

e) Manchmal glaube ich, dass es besser wäre, ich würde im Unterricht besser zuhören.

f) Mathematik ist das Fach, das mir am schwersten fällt.

g) Das Lachen meiner Freunde ist das Schönste für mich, das würde ich am liebsten jeden Tag sehen.

h) Vielleicht wäre es sinnvoll, dass wir ihr die Wahrheit sagen.

A2 8 Punkte

Nomen	Verb
Kuss	küssen
Fluss	fließen
Guss	gießen
Maß	messen
Stoß	stoßen
Wissen	Er weiß.
Riss	reißen
Schluss	schließen

A3 2 Punkte

a) richtig
b) falsch

Test 13 – Das oder dass

A1 11 Punkte

a) Das Haus ist schöner als das dort hinten.
b) Die Kinder lernen, dass die Zähne zweimal täglich geputzt werden müssen. Das ist sehr wichtig!
c) Das Jahr ging sehr schnell vorbei.
d) Ich habe gestern erfahren, dass nächste Woche das Haus renoviert wird.
e) Ich gehe gerne in das Kino, das Theaterstücke zeigt.
f) Das Mädchen ist sehr traurig, dass die Lehrerin krank ist.

A2 11 Punkte

a) Er zog ein Lineal aus seinem Rucksack.
b) Dies ist alles?
c) Dies ist ein Pferd, welches ich meinte.
d) Dies schützt vor Krankheiten.
e) Dies ist ein Pflaster mit Dinosauriern.
f) Ein Mädchen liest ein Buch, welches sie zu Weihnachten bekommen hat.

A3 4 Punkte

a) Dass der Mathetest morgen geschrieben wird, glaube ich.
b) Dass die Lehrerin krank war, wusste das Mädchen.
c) Dass sie mich belügt, vermute ich schon seit einiger Zeit.
d) Dass die Kinder geklaut haben, wusste die Frau mit dem roten Stirnband.

Test 14 – Das oder dass

A1 7 Punkte

Kann man das „das" mit dieses, jenes oder welches ersetzen, wird es nur mit einem s geschrieben. Das „dass" ist ein Bindewort und leitet einen Nebensatz ein. Deswegen steht das Prädikat dann immer an letzter Stelle des Satzes.

A2 11 Punkte

a) Das ist mein Kuscheltier!
b) Verzeih mir, dass ich so zickig war.
c) Dass du das kannst, das wusste ich!
d) Das ist das Buch, das ich schon lange gesucht habe.
e) Lass das!
f) Das Mädchen sagte: „Das solltest du besser sein lassen."

A3 13 Punkte

a) Ich kann das besonders gut! (2)
b) Ich suche das Lineal, das mir gehört. (1)
c) Das Gewitter, das gestern Abend tobte. (1)
d) Das ist das Kleid, das ich mir schon lange kaufen wollte. (3)
e) Das ist das Haus, das ist meinte. (2)
f) Ich verstehe das nicht. (2)
g) Das Mädchen, das dort vorne läuft, heißt Kathy. (3)
h) Mein Leben, das ich so lebte wie ich wollte.(3)
i) Iris, das ist meine Tasche! (1)
j) Das Mäuschen, das im Keller wohnt. (3)

k) Das Haus, das wir verkauften war ein schönes. (3)

l) Zugegeben, das war ein guter Song! (2)

m) Das eine war so schön, wie das andere. (2)

Test 15 – Das oder dass

A1 21 Punkte

a) Gestern war das stärkste Gewitter aller Zeiten, das gleich mehrere Häuser in Brand gesetzt hat.

b) Ich glaube, dass das das Haus ist, das gestern gebrannt hat.

c) Ich kenne das Kind, das in dem Haus gewohnt hat.

d) Dass das Haus gestern gebrannt hat, hat alle schockiert.

e) Ich hoffe, dass unser Haus niemals brennen wird.

f) Das Mädchen war sich sicher, dass das das letzte Tor war.

g) Ben war sich sicher, dass er das Spiel gewinnen würde.

h) Dass das der Dieb war, konnte ja niemand ahnen.

i) Dass ich das noch erleben darf!

A2 12 Punkte

Dass das mit dem „das" oder „dass" so schwierig ist, das verstehe ich gar nicht. Das „dass" setzt man nur ein, wenn man nicht dieses, jenes oder welches einsetzen kann. Denn das „dass" ist ein Bindewort und leitet Nebensätze ein. Und dass das „das" ein Artikel ist, das weiß ja jedes Kind.

A3 13 Punkte

Was war **dass** für ein Tag. **Das dass** so anstrengend werden würde, war mir nicht klar. Naja **dass** Bein schmerzt, aber es war die Sache wert. Der Anstieg war **dass** Schlimmste! Auch Maria entschied sich, **das** besser zu Durchquerende mit mir zu gehen. Aber auch **dass** war sehr heftig!

„Hättest du gedacht, das wir dass schaffen?", fragte sie mich völlig aus der Puste. „Nein, **dass** habe ich nicht gedacht. Ich war schon dabei aufzugeben, als wir das Camp noch nicht mal sahen. Ich habe schon am Anfang gehofft, **das** das leichter wird, aber es wurde schwerer."
Im Großen und Ganzen war uns **dass** aber eine Wohltat gewesen! Ich war sehr froh, **dass** geschafft zu haben. Sich ein wenig an seine Grenzen zu treiben, so **das** man kurz davor ist, sich auf einen Stein zu setzen und sich nie wieder zu bewegen, ist eine super Erfahrung! – Wenn man **dass** geschafft hat natürlich!

Test 16 – Das oder dass

A1 4 Punkte

a) richtig

b) falsch

c) richtig

d) falsch

A2 6 Punkte

a) Mein kleiner Bruder ist sich sicher, **dass** es den Weihnachtsmann gibt.

b) Meine Mutter ist stolz auf meine kleine Schwester, weil sie weiß, **dass** sie schwimmen kann.

c) **Das** Auto wurde in der Nebenstraße geparkt.

d) Mein Lehrer sagte mir, **dass** ich **das** vielleicht nochmal üben sollte.

e) Das Schwimmbad ist das Beste, **das** es im Umkreis von zweihundert Kilometern gibt.

A3 4 Punkte

a) Mein Vater ist überzeugt, dass kein besseres Buch existiert.

b) Wir sind wirklich froh, dass es meiner Oma wieder besser geht.

c) Ich finde es schade, dass du nicht zu meiner Geburtstagsparty kommen kannst.

d) Wir wollen, dass unser Schulteam bei dem Turnier gewinnt.

Test 17 – Das oder dass

A1 7 Punkte

a) Wir wollen ein neues Auto kaufen, **das** hoffentlich länger als zehn Jahre fahrtüchtig bleibt.
b) Meine Schwester und ich müssen im Urlaub in einem Bett schlafen, **das** ist wirklich nervig!
c) Meine Lehrerin erwartet, **dass** wir alle stets pünktlich zum Unterricht erscheinen.
d) Das Schönste an Karneval ist, **dass** wir uns verkleiden dürfen.
e) Frankreich ist ein Land, **das** besonders für seine wunderschöne Sprache bekannt ist.
f) Das Kaninchen ist ein Tier, **das** am liebsten an Karotten knabbert.
g) Es ist doof, **dass** wir in Niedersachsen weniger Feiertage haben als die Schüler in Nordrhein-Westfalen.

A2 3 Punkte

a) Sie sagt, dass sie ein neues Fahrrad haben möchte.
b) Er sagt, dass er gerne Fußball spielt.
c) Sie sagen, dass sie lieber in einer Jugendherberge schlafen.

A3 10 Punkte

a) ☐ Kann man für „dass" dieses, jenes oder welches einsetzen, wird „dass" geschrieben.
b) ☒ „das" kann ein bestimmter Artikel sein.
c) ☒ Man kann „das" als Relativpronomen verwenden.
d) ☐ „das" ist ein unbestimmter Artikel
e) ☐ „dass" ist ein sogenannten Demonstrativpronomen.
f) ☒ „dass" leitet immer einen Nebensatz ein.
g) ☐ „dass" kann als Artikel gebraucht werden.
h) ☒ Bei „Das Kind, das/s ist glücklich, muss „das" stehen.

i) ☒ Wenn „das" mit Doppel-s verwendet wird, ist es eine Konjunktion.
j) ☒ „das" ist nach dem Komma das Subjekt des Folgesatzes.

Test 18 – Das oder dass

A1 7 Punkte

a) ☒ Konjunktion
b) ☒ Demonstrativpronomen
c) ☒ Artikel
d) ☒ Relativpronomen
e) ☒ Konjunktion
f) ☒ Relativpronomen
g) ☒ Artikel

A2 3 Punkte

a) Das gesündeste Getränk, das man trinken kann, ist Wasser.
b) Im Großen und Ganzen ist er zufrieden, dass er in Mathematik 65% geschafft hat.
c) Gehe bitte an das Telefon, das klingelt seit zwei Minuten!

A3 2 Punkte

a) **Das** Besondere daran ist, **dass** es kein Auto gibt, **das** so viel Komfort bietet.
b) **Dass** du **das** besser kannst **das** ist mir bewusst.

Test 19 – Kurze und lange Vokale

A1 6 Punkte

(Pro richtigem Kreuz 1 P./- 1 P. bei falschem Kreuz)

a) ☒ Hut	e) ☐ Bett	i) ☒ Mehl
b) ☐ Hund	f) ☒ Kuh	j) ☒ Schule
c) ☐ Stall	g) ☐ Wolle	k) ☐ Zink
d) ☒ Hase	h) ☐ Wolke	l) ☒ schön

A2 6 Punkte

a) Schal	c) Uhr	e) Sohn
b) dehnen	d) Rasen	f) schlafen

A3 12 Punkte

l, k, k, l, l, k, k, l, k, k, l, l

Test 20 – Kurze und lange Vokale

A1 8 Punkte

a) wohnen   e) rügen
b) rufe   f) Bahnhof
c) währenddessen   g) Sahnetorte
d) Mühle   h) gähnen

A2 5 Punkte

(1 P. pro richtigem Kreuz/ - 1 P. bei falschem Kreuz)

a) ☐ helfen   g) ☐ hören
b) ☐ behalten   h) ☐ drehen
c) ☒ strahlen   i) ☒ Bohrer
d) ☐ hören   j) ☒ Lehne
e) ☐ verhaften   k) ☐ abheften
f) ☒ dehnen   l) ☒ Fahrrad

A3 15 Punkte

Kurzer Vokal: Ball, Damm, Fell, Mutter, Brennnessel, Paddel, Rassel. Langer Vokal: Blume, Dame, Fehler, Mehl, Nomen, Pfad, Rede, malen

Test 21 – Kurze und lange Vokale

A1 15 Punkte

Kurzer Vokal: Butter, Dattel, Fälle, Mittag, Noppen, Paddel, Pfennig, Riss, Rummel, Masse. Langer Vokal: Besen, Düne, Frieden, Masern, Nuklear

A2 5 Punkte

a) Wal   c) Stil   e) Stachel
b) Nebel   d) Sohn

A3 13 Punkte

Lang: saß, während, erzählt, Liebe. Kurz: dunkel, knackte, Flammen, Himmel, Jungen, Wolf, Hasses, gewinnen, fütterst

Test 22 – Kurze und lange Vokale

A1 8 Punkte

(+1 P. für richtiges Kreuz. – 1 P. für falsches Kreuz)

a) ☒ Wolke   i) ☒ Tropfen
b) ☐ Stahl   j) ☐ Leben
c) ☒ Mann   k) ☐ Schale
d) ☒ Zimmer   l) ☐ Ruhe
e) ☒ Lippen   m) ☐ Kahlheit
f) ☐ Glut   n) ☒ Stadt
g) ☐ Demut   o) ☒ Mensch
h) ☒ Welt   p) ☐ Fuß

A2 6 Punkte

a) falsch   c) richtig   e) falsch
b) richtig   d) falsch   f) richtig

A3 10 Punkte

a) Heute **Mittag** gibt es einen leckeren **Salat**.
b) Die **Menschen** lieben **Tiere**, deshalb gehen sie in den **Zoo**.
c) Das Haus ist nicht aus **Holz** oder **Stein**, sondern auf **Lehm**.
d) In der **Wohnung** herrscht sehr viel **Tumult**.

Test 23 – Kurze und lange Vokale

A1 8 Punkte

(+1 P. für richtiges Kreuz. – 1 P. für falsches Kreuz)

a) ☐ tun   g) ☐ oder   m) ☐ lieb
b) ☒ prall   h) ☒ ob   n) ☒ am
c) ☒ alle   i) ☐ böse   o) ☒ wund
d) ☐ war   j) ☐ tut   p) ☐ nun
e) ☒ das   k) ☒ wenn
f) ☐ ihn   l) ☒ nicht

A2 8 Punkte

a) Bett   d) Schreck   g) noch
b) Name   e) an   h) offen
c) Dame   f) hielt

A3 6 Punkte

a) Meine Mama liebt ihr **Beet**, welches sie täglich im Garten pflegt.

b) Ich **wohne** in der Lindenstraße. So hieß auch eine TV-Serie.

c) Deutschland ist ein **Staat** und Berlin ist die **Hauptstadt.**

d) Unser kleines Dorf ist bekannt für die schönste **Gasse** in der Umgebung.

e) Das Festessen wurde im **Saal** des Rathauses angerichtet.

Test 24 – Kurze und lange Vokale

A1 10 Punkte

a)	☒ Aal	f)	☒ Hüte
b)	☒ Wahn	g)	☒ kam
c)	☒ Schal	h)	☒ lahm
d)	☒ Beet	i)	☒ Höhle
e)	☒ Bahn	j)	☒ Mus

A2 10 Punkte

(+1 P. für richtiges Kreuz. – 1 P. für falsches Kreuz)

a)	☒ Stall	g)	☒ Kopf	m)	☐ Ruf
b)	☐ Stuhl	h)	☐ Haare	n)	☒ Sinn
c)	☒ Druck	i)	☐ Büro	o)	☒ Geld
d)	☒ Fleck	j)	☒ Wort	p)	☒ Kraft
e)	☒ Gott	k)	☐ Glas		
f)	☐ Bad	l)	☒ Kind		

A3 10 Punkte

a) Das Markenzeichen des Schauspielers war sein **Muttermal**.

b) Das **Mahl** schmeckte ausgezeichnet. Jeder wollte Nachschlag.

c) Auf seinem Jägerposten **erspäht** der Jäger ein Reh.

d) Es ist schon **spät**! Du solltest langsam ins Bett gehen.

e) Vor dem Sport sollte man sich **dehnen**, damit es nicht zu Verletzungen kommt.

f) Wir sollten **denen** helfen, damit wir schneller vorankommen.

g) Die Übung sollte uns etwas **lehren.**

h) Mein Vater hat gesagt, wir sollen das Glas **leeren.**

i) Beim Backen wird oft **gemahlen**. Das ist ein bisschen anstrengend.

j) Im Kindergarten haben wir noch viel **gemalt**.

Test 25 – Doppellaute

A1 6 Punkte

a) M**ei**n Fr**eu**nd wohnt in **ei**nem bl**au**en H**au**s. (5)

b) M**äu**se sind kl**ei**ner als H**ai**e. (3)

c) Er war **ei**n sehr unf**ai**rer Spieler. (2)

d) Sie banden das Boot an **ei**nem S**ei**l fest. (2)

e) Der Monat M**ai** liegt im Frühling. (1)

f) Als B**ei**lage servierten sie M**ai**s. (2)

A2 15 Punkte

au	ai	eu	äu	ei
Laus, Maus, Strauß	Kaiser, Mainz, Mais	Eule, Freund, Scheune	Bäume, Gehäuse, träumen	allein, Reim, sein

A3 6 Punkte

a)	1. Satz	c)	1. Satz	e)	1. Satz
b)	1. Satz	d)	2. Satz	f)	2. Satz

Test 26 – Doppellaute

A1 8 Punkte

a)	die Läuse	e)	der Freund
b)	die Sträucher	f)	die Räuber
c)	das Kraut	g)	die Bäume
d)	die Einkäufe	h)	der Feind

A2 7 Punkte

a)	Mai	d)	Heute	g)	Beute
b)	Freund	e)	Bäume		
c)	Kaiser	f)	Mais		

A3 7 Punkte

a) sein
b) Gehäuse
c) Lauch
d) treu
e) Applaus
f) Kai
g) Kreis

Test 27 – Doppellaute

A1 6 Punkte

a) träumen
b) der Schaum
c) das Aufräumen
d) reisen
e) mauern
f) der Lauf

A2 9 Punkte

a) Laib
b) Seite
c) Laichen
d) Leib
e) Waise
f) Saite
g) Weise
h) Leichen
i) Laie

A3 9 Punkte

a) Aller Kaiser werden mächtige Herrscher bezeichnet.
b) Sie träumt von einer Hochzeit im Mai.
c) Fehlerfrei
d) Der Räuber versteckt die Beute.
e) Die Glocken der Kirche läuten am Sonntag.
f) fehlerfrei
g) fehlerfrei
h) Er schlägt die Seiten des Buches auf.
i) Am Ufer eines Sees legen die Frösche im Frühling ihren Laich ab.

Test 28 – Doppellaute

A1 5 Punkte

(+ 1 P. pro richtigem Kreuz. – 1 P. für falsches Kreuz)

a) ☒ ai
b) ☒ ei
c) ☒ eu
d) ☒ äu
e) ☒ au

A2 8 Punkte

a) Bäume
b) Raupe
c) Hai
d) Haus
e) Bein
f) Beule
g) Kaiser
h) Keule

A3 6 Punkte

a) Viele Kinder träumen nachts von viel Spielzeug.
b) Heute fängt der Sommer an.
c) Die Eule bewegt sich ganz leise.
d) Raupen sind interessante Tiere.
e) Im Mai blühen schon die Blumen.
f) Dieser Baum ist schon sehr alt, deshalb ist sein Stamm so dick.

Test 29 – Doppellaute

A1 8 Punkte

a) träumen
b) leise
c) Reise
d) Eule
e) Ameise
f) Feuer
g) Käufer
h) Laub

A2 7 Punkte

a) Eimer
b) Feuer
c) leise
d) Bäume
e) Läuse
f) Ameise
g) Träume

A3 7 Punkte

a) Heute ist ein sonniger Tag.
b) Mara ist heiser und kann kaum noch reden.
c) Die Baustelle ist laut.
d) Im Schaufenster vom Spielwarengeschäft liegt eine äußerst große Schaufel.

Test 30 – Doppellaute

A1 8 Punkte

a) Im Haus ist es sehr leise, weil das Baby nicht zuhause ist.
b) Der Kaiser fliegt im Flugzeug nach Japan.
c) Der Schüler räuspert sich laut.
d) Der Hund beißt einen Postboten ins Bein.
e) Europa ist ein Kontinent.
f) Das Feuer ist gefährlich und viele Leute bekommen Angst.
g) Träume können wahr werden.
h) Die Säule ist nicht mehr so stabil.

A2 11 Punkte

a) Säugetier   e) Hai   i) Haut
b) Reise   f) laut   j) eilig
c) Beutel   g) Freunde   k) Häuptling
d) Leiter   h) Brei

A3 5 Punkte

a) Häuser   c) teuer   e) Stein
b) heulen   d) Bein

Test 31 – Dehnungen

A1 11 Punkte

Bevor ich das Haus verlasse, frühstücke ich, putze meine Zähne und binde mir einen Schal um meinen Hals. Zum Bahnhof fahre ich mit dem Fahrrad. In der ersten Stunde haben wir Sport bei meinem Lieblingslehrer. Wenn wir Fußball spielen ist das manchmal ziemlich gefährlich.

A2 7 Punkte

a)	die Wiese	~~die Wise~~
b)	~~wier~~	wir
c)	der Blitz	~~der Blietz~~
d)	das Beispiel	~~das Beispil~~
e)	das Kaugummi	~~das Kaugummie~~
f)	dienen	~~dinen~~
g)	~~das Fiber~~	das Fieber
h)	~~die Brielle~~	die Brille
i)	~~der Spigel~~	der Spiegel
j)	spielen	~~spilen~~
k)	~~fienden~~	finden
l)	der Brief	~~der Brif~~
m)	fliegen	~~fligen~~
n)	gießen	~~gißen~~

A3 8 Punkte

a) Sie kämmt sich ihre Haare.
b) Ich fege die Straße mit einem Besen.
c) Der Junge schläft in seinem Bett.
d) Wir fahren mit einem Boot über den See.
e) Die Blumen wachsen im Blumenbeet.
f) Meine Nase läuft, wenn ich Schnupfen habe.
g) Abends isst Ben ein Butterbrot.
h) Im Urlaub schwimme ich im Meer.

Test 32 – Dehnungen

A1 3 Punkte

a) Huhn   c) Dienstag
b) Uhr

A2 8 Punkte

Person	Gegenwart	Person	Vergangen-heit
Sie	schlafen	Sie	schliefen
Ich	gehe	Ich	gingen
Wir	halten	Wir	hielten
Ich	laufe	Ich	liefen
Wir	fallen	Wir	fielen
Er	schreit	Er	schrien
Sie	schreibt	Sie	schrieben
Sie	rufen	Sie	riefen

A3 7 Punkte

Ein Tag im Tirpark

An einem Dinstag sind wir mit der Familie in einen Zoo gefaren. Die Sonne schiehn und wir hatten ser vil Spaß. Wir konnten in das Gehehge der Zigen hineingehen und sie mit Grahs füttern. Allerdings schlifen die Zigen in diesem Moment. Weil wir sie nicht stöhren wollten, sind wir zunächst weiter zu den Schaafen gegangen. Diese freuten sich risig über das Futter.

Test 33 – Dehnungen

A1 63 Punkte

Am Montag <u>fuhren</u> wir mit einer <u>Fähre</u> nach Sylt. <u>Unsere</u> Reise <u>war</u> schön, aber <u>anstrengend</u>. Als wir <u>ankamen</u>, <u>sahen</u> wir den <u>Hafen</u> von Sylt. Dort hingen <u>viele</u> <u>Fahnen</u> an Masten fest. Sie <u>wehten</u> im <u>Wind</u> und <u>rauschten</u> <u>laut</u>. <u>Allgemein</u> <u>war</u> der <u>Wind</u> <u>stark</u>. Es gab <u>seichte</u> und <u>starke</u> <u>Briesen</u>. Meine Mutter brachte Kuchen mit und <u>aß</u> ein <u>Stück</u> als wir im <u>Hafen</u> uns auf eine <u>Bank</u> setzten. Als wir dort <u>saßen</u>, <u>kam</u> eine <u>Möwe</u> <u>geflogen</u> und <u>setze</u> sich zu uns auf die <u>Bank</u>. Diese schaute auf das <u>Kuchenstück</u> meiner Mutter und <u>wartete</u> <u>geduldig</u> auf den richtigen <u>Zeitpunkt</u>, <u>um</u> nach dem Stückchen zu <u>schnappen</u>. Im nächsten Augenblick <u>schnappte</u> die <u>Möwe</u> nach dem Kuchen und <u>flog</u> <u>davon</u>. Daher war die <u>Stimmung</u> meiner Mutter <u>weniger</u> <u>gut</u>, <u>da</u> sie ihren geliebten Kuchen <u>verloren</u> hatte. Demnach versuchte Vater sie mit einer <u>Rückenmassage</u> auf der <u>Bank</u> zu <u>entspannen</u>. Dabei <u>dehnte</u> er die Schulter meiner Mutter zu <u>weit</u>, sodass ihre Schulte <u>überdehnte</u>. Sie <u>konnte</u> <u>nunmehr</u> weder essen, noch sich bewegen. Ich suchte nach <u>Muscheln</u> im <u>Sand</u> und überlegte ins <u>Meer</u> zu <u>springen</u>. Es <u>war</u> <u>warm</u> und ich hatte meine Badehose <u>angezogen</u>. Ich <u>nahm</u> eine Taucherbrille und rannte ins <u>Meer</u> hinein.

A2 5 Punkte

a) ☐ Das „Dehnungs-h" schreibt man immer, wenn es mehr als zwei Silben im Wort gibt.

b) ☒ Es kommt meisten vor l, m, n und r.

c) ☐ Das „Dehnungs-h" kann auch weggelassen werden.

d) ☐ Das „Dehnungs-h" steht nach kurzen Vokalen.

e) ☒ Das „Dehnungs-h" steht nach langen Vokalen.

A3 15 Punkte

a) Mehl	**f)** Kule	**k)** Zahn
b) Kehle	**g)** Bahn	**l)** Wahn
c) quälen	**h)** Wahl	**m)** Kahn
d) sägen	**i)** Bühne	**n)** Zahme
e) Schule	**j)** Möhre	**o)** Krater

Test 34 – Dehnungen

A1 10 Punkte

a) T**ie**r	**e)** **I**gel	**i)** M**ie**te
b) L**ie**be	**f)** Fl**ie**ge	**j)** Mitte
c) bitte	**g)** S**ie**b	
d) Tritt	**h)** Schritt	

A2 3 Punkte

a) <u>Taat</u> (richtig: Tat)

b) <u>trinkhen</u> (richtig: trinken)

c) <u>Poh</u> (richtig: Po)

A3 6 Punkte

a) Die Ku**h** ist auf der Wiese.

b) Der S**aa**l ist gefüllt mit Menschen.

c) Der R**ie**se ist sehr groß.

d) Das Boot schwimmt auf dem M**ee**r.

e) L**ie**be ist das schönste Gefühl.

f) Wir f**ah**ren nach Rom.

Test 35 – Dehnungen

A1 10 Punkte

a) Seele	**e)** Fähre	**i)** Beutel
b) wählen	**f)** Kehle	**j)** Blume
c) bohrene	**g)** Säge	
d) raten	**h)** Möhr	

A2 10 Punkte

a) Sieb	**e)** nie	**i)** Spiel
b) Boot	**f)** Liebe	**j)** Saal
c) Haar	**g)** Brot	
d) rot	**h)** Frieden	

A3 7 Punkte

a) H**ie**r scheint heute die Sonne.
b) Im M**ee**r leben viele Fische.
c) Der Flo**h** ist sehr klein.
d) Susanne hat lange H**aa**re.
e) Das Kind ist krank, denn es hat F**ie**ber.
f) Der Vater fä**h**rt mit dem Auto in die Stadt.
g) Im M**oo**r ist es gruselig und nebelig.

Test 36 – Dehnungen

A1 10 Punkte

a) Die <u>Fliege liebt</u> den Sommer, weil es dann warm ist.
b) Ich <u>fühle</u> mich <u>hier</u> sehr <u>wohl</u>.
c) Ich höre das neue <u>Lied</u> im Radio.
d) Tim genießt das <u>Meeresrauschen</u> beim <u>Spaziergang</u> am Strand.
e) Das <u>Reh steht</u> an der Lichtung, aber es ist <u>sehr</u> scheu.
f) Die <u>Feuerwehr</u> löscht das Feuer schnell.
g) Ein Messer kann <u>gefährlich</u> sein.
h) Der Käse hat viele Löcher und ist deshalb von innen <u>hohl</u>.
i) Die <u>Miete</u> wird jeden Monat teurer.
j) Das <u>fließt</u> den Fluss bergab.

A2 10 Punkte

a) Feuerwehrauto
b) Probefahrt
c) rufen
d) Kühlschrank
e) Flügel
f) froh
g) Nähmaschine
h) Not
i) leer
j) Beet

Test 37 – Silbentrennung

A1 11 Punkte

a) 2
b) 1
c) 3
d) 3
e) 2
f) 2
g) 1
h) 2
i) 2
j) 1
k) 2

A2 7 Punkte

a) Haus-boot
b) Deh-nung
c) Schul-klas-se
d) Klas-sen-ar-beit
e) Au-to-bahn
f) Mäd-chen
g) Frau-en

Test 38 – Silbentrennung

A1 10 Punkte

Der <u>Bau-ern-hof</u> (Bauernhof)
Die <u>Maus</u> (Maus) wohnt in einem alten <u>Bau-ern-haus</u> (Bauernhaus). Sie isst am liebsten <u>Kä -se</u> (Käse). Dieser liegt oft morgens nach dem Es-sen, der Familie auf dem <u>Früh-stücks-tisch</u> (Frühstückstisch). Schnell klettert sie den Tisch <u>hi-nauf</u> (hinauf) und holt sich ein kleines Stück Käse.
Auf dem Hof leben auch zwei <u>Hun-de</u> (Hunde). Sie bewachen den Hof und <u>spie-len</u> (spiele) manchmal mit den Kindern und dem Ball. Das kommt aber nur vor, wenn die Sonne <u>scheint</u> (scheint). Wenn es regnet, <u>schla-fen</u> (schlafen) sie.

A2 14 Punkte

	richtig	falsch	Richtige Trennung
Zahn-ar-zt	☐	☒	Zahn-arzt
wü-te-nd	☐	☒	wü-tend
Te-le-fon	☒	☐	
putz-en	☐	☒	put-zen
ge-lb	☐	☒	gelb
woh-nen	☒	☐	
Bus-fa-hrer	☐	☒	Bus-fah-rer
Auto-bahn	☐	☒	Au-to-bahn

Lösungen

Test 39 – Silbentrennung

A1 20 Punkte

a)	1	f)	2	k)	3	p)	2
b)	2	g)	1	l)	4	q)	3
c)	1	h)	4	m)	2	r)	1
d)	2	i)	4	n)	1	s)	2
e)	1	j)	2	o)	2	t)	3

A2 5 Punkte

a) ehr-lich
b) Ta-schen-tuch
c) na-tür-lich
d) Um-wäl-zung
e) Flit-ter-woch-en

Test 40 – Silbentrennung

A1 20 Punkte

a) Schu-le
b) Ap-fel
c) Ku-chen
d) Zeit-schrift
e) Au-ge
f) Waf-fel
g) Kat-ze
h) Haus-tier
i) Müt-ze
j) Deutsch-land
k) Ta-fel
l) Lo-cher
m) Au-to
n) Lam-pe
o) Läu-fer
p) Tas-se
q) Zet-tel
r) No-tiz
s) Lip-pe
t) Bir-ne

A2 14 Punkte

a) Com-pu-ter
b) No-tiz-buch
c) Was-ser-hahn
d) nach-den-ken
e) Er-geb-nis
f) Licht-schal-ter
g) La-ter-ne
h) Te-le-fon
i) her-stel-len
j) Sach-bü-cher
k) No-ti-zen
l) Kopf-hö-rer
m) Steck-do-se
n) Pau-sen-brot

Test 41 – Silbentrennung

A1 20 Punkte

a) Nach-mit-tag
b) Flug-zeug
c) ma-chen
d) Bus-fah-rer
e) Laut-spre-cher
f) Was-ser-hahn
g) Schul-hof
h) le-sen
i) Mäu-se
j) Eng-land

---

k) Kon-ti-nent
l) Staub-sau-ger
m) nach-den-ken
n) Be-leuch-tung
o) Feu-er-wehr
p) Pau-se
q) Ro-man
r) Lap-pen
s) Mut-ter
t) Dach-ge-schoss

A2 14 Punkte

a) Re-gen-bo-gen
b) Hin-der-nis-se
c) Lie-bes-kum-mer
d) E-sels-brü-cke
e) Ro-sen-blät-ter
f) Ra-dier-gum-mi
g) Was-ser-fla-sche
h) Blu-men-va-se
i) Klei-der-schrän-ke
j) Feu-er-stei-ne
k) Ze-bra-strei-fen
l) Na-del-wäl-der
m) Mäu-se-fal-le
n) Flug-zeug-flü-gel

Test 42 – Silbentrennung

A1 20 Punkte

a)	3	f)	3	k)	4	p)	2
b)	4	g)	3	l)	4	q)	2
c)	2	h)	4	m)	2	r)	2
d)	2	i)	2	n)	2	s)	2
e)	4	j)	4	o)	2	t)	5

A2 16 Punkte

See, Ski, Angeln, gehen, Karton, mutig, Schul-tag, genießen, Investment, Reiniger, Fenster-rahmen, Dokumentation, Hausaufgabenbuch, Lokomotive, Fahrkartenautomat, Hubschrau-berlandeplatz

Test 43 – Zeichensetzung

A1 6 Punkte

Am Ende eines Satzes steht immer ein <u>Punkt</u>. Bei längeren Sätzen wird häufig ein <u>Komma</u> be-nutzt, um die Haupt- und Nebensätze vonein-ander zu trennen. Anders ist es bei einem <u>Aus-rufezeichen</u>. Es wird dazu verwendet um einem Satz besonderen Nachdruck zu verleihen. An-ders als das <u>Ausrufezeichen</u> und der <u>Punkt</u> steht das <u>Fragezeichen</u> am Ende einer Frage.

A2 5 Punkte

a) Darf ich Fußball spielen?
b) Am Freitag habe ich bis 12 Uhr Schule.
c) Hör auf damit!
d) Wie spät gibt es Essen?
e) Aua!

A3 6 Punkte

a) Meine Schule ist hinter dem Berg.
b) Wie viele Tore hast du geschossen?
c) Am Freitag können wir in den Freizeitpark fahren.
d) Hurra!
e) Komm mit, ich zeige dir mein Spielzeug.
f) Komm mit!

Test 44 – Zeichensetzung

A1 8 Punkte

Bei einem längeren Satz trennt man Haupt- und Nebensätze mit einem <u>Komma</u>. Nach einem Komma schreibt man das Wort <u>klein</u>. Nach einem Aussagesatz setzt man einen <u>Punkt</u>. Das Wort danach wird <u>groß</u> geschrieben. Auch bei einer Frage mit einem <u>Fragezeichen</u> am Ende schreibt man das nächste Wort <u>groß</u>. Es wird also nur nach einem <u>Komma</u> <u>klein</u> weitergeschrieben.

A2 10 Punkte

(pro Zeichen 1 P.)

a) Ist es möglich, dass wir eine neue Lehrerin bekommen?
b) Komm schon, lass uns nach Hause gehen.
c) Es ist nicht erlaubt, die Enten im Park zu füttern.
d) Au, das tut mir weh!
e) Nicht nur seine Beine, sondern auch die Arme waren sehr lang.

A3 5 Punkte

a) Wenn es klingelt, gehen die Schüler in ihren Klassenraum.
b) An einem Tag haben wir Sportunterricht, nämlich am Freitag.
c) Es ist möglich, dass wir ein neues Haustier bekommen.
d) Lieber Michael, ich wünsche dir ein schönes Wochenende.
e) Alle wussten, wann wir ein Diktat schreiben.

Test 45 – Zeichensetzung

A1 6 Punkte

a) Wohin fährst du mit deiner Familie in den Urlaub?
b) Hör jetzt auf mit dem Unfug!
c) Morgen soll die Sonne scheinen.
d) Pass auf!
e) Wann beginnt morgen die Schule?
f) Mein Vater arbeitet in einer Fabrik.

A2 9 Punkte

Am Samstag fahren wir auf eine Klassenfahrt. Ich bin schon sehr aufgeregt, weil das meine erste Klassenfahrt ist. Aber zum Glück ist mein bester Freund dabei. Es wird bestimmt sehr spaßig, doch am meisten freue ich mich auf den Spielplatz. Vielleicht gibt es ja eine Rutsche. Wir werden die Gegend kennenlernen und hoffentlich machen wir auch eine Wanderung im Wald. Wie das Wetter wohl wird?

A3 10 Punkte

a) Am Wochenende soll es heiß werden, deshalb fahren wir ins Schwimmbad.
b) Wir brauchen ein Auto, damit wir in den Urlaub fahren können.
c) Ich habe Tim zu meinem Geburtstag eingeladen, doch er ist nicht gekommen.
d) Heute bleibe ich zu Hause, weil ich krank bin.
e) Er hat die ganze Nacht geschlafen, doch er ist müde.

f) Ich habe meine Hausaufgaben gemacht, weil ich fleißig bin.

g) Grenzen an Deutschland Länder wie Österreich, Dänemark, Frankreich oder die Schweiz?

h) Rehe, Igel und Hasen kann man häufig im Wald antreffen, vor allem wenn es hell ist.

i) Wenn ich groß bin möchte ich entweder Polizist, Feuerwehrmann oder Bauarbeiter werden.

j) Meine Freunde aus der Schule heißen Marcel, Niclas, Nina, Celine und Mario, aber am meisten mag ich Finja.

Test 46 – Zeichensetzung

A1 6 Punkte

Satzart	Satzschlusszeichen
Aussagesatz	Punkt (.)
Fragesatz	Fragezeichen (?)
Ausrufesatz	Ausrufezeichen (!)

A2 6 Punkte

a) Wann gehen wir nach Hause?
b) Halt, da kommt ein Auto!
c) Diesen Sommer haben wir schönes Wetter.
d) Pass auf!
e) Am Wochenende könnten wir schwimmen gehen.
f) Können wir ins Kino gehen?

A3 9 Punkte

a) Der Zoo ist das Zuhause vieler Tierarten. Mia sieht im Zoo besonders gerne die Elefanten, Giraffen und die Löwen.
b) Hallo, wartet doch bitte auf mich!
c) Können wir nicht alle zusammen einen Ausflug machen?
d) Anna spielt Fußball, Theo spielt Volleyball, Marina spielt Handball und Tom spielt Badminton.

Test 47 – Zeichensetzung

A1 3 Punkte

a), b), d)

A2 8 Punkte

a) Die Frau forderte genervt den Mann auf: „Mach bitte das Fenster zu!"
b) „Warum muss ich das immer machen?", dachte sich der Mann daraufhin.
c) „Ja", rief der Mann der Frau zu, „ich mache gleich das Fenster zu."
d) Die Frau sagte zufrieden: „Dankeschön."

A3 4 Punkte

a) Anna sagte enttäuscht: „Pia will nicht mit in den Zoo kommen."
b) „Wo ist das ganze Spielzeug hin?", fragte Manuel seine Schwester.
c) „Ben", stellte Laura überrascht fest, „du hast ja deine Hausaufgaben gemacht."
d) Er sagte zu ihr: „Ich will dich hier nicht mehr sehen."

Test 48 – Zeichensetzung

A1 7 Punkte

a), b), c), e), f), g), h)

A2 6 Punkte

a) Als wir zuhause ankamen, schrie Marie: „Ihh, eine Spinne!"
b) Paul wollte nicht nach Hause gehen, sondern mit seinem Freund Felix spielen.
c) Ich erinnerte mich daran, dass du krank gewesen bist.
d) Heute gab es kein Eis für Jana.
e) Kim fragte Ina überrascht: „Was hast du denn da in der Hand?"
f) Wenn ich heute nicht lerne, schaffe ich die Klausur morgen nicht.

A3 4 Punkte

a) Heute gab es kein Brot, weil dem Bäcker das Mehl fehlte.

b) „Ich werde heute noch die Wohnung aufräumen", antwortete Tina, „und dann in den Urlaub fahren."

c) „Zu einem richtigen Zoo gehören Affen, Giraffen, Löwen und Zebras.", erklärte Timo seiner Mutter.

d) Mein Bruder hüpfte, meine Mutter ging und ich sang mein Lieblingslied, denn heute war ein guter Tag.

Test 49 – Die Wortarten

A1 9 Punkte

a) Substantiv
- ☒ Hauptwort
- ☒ Nomen
- ☒ Namenswort
- ☐ Ausrufewort

b) Artikel
- ☒ Begleiter
- ☐ „Tuwort"
- ☐ Zahlwort
- ☐ Empfindungswort

c) Verb
- ☒ „Tuwort"
- ☐ Umstandswort
- ☒ Tätigkeitswort
- ☒ Zeitwort

d) Adjektiv
- ☒ Eigenschaftswort
- ☐ Verhältniswort
- ☒ „Wiewort"
- ☐ „Tuwort"

A2 6 Punkte

Substantive	Verben	Adjektive
Haus, Dach	lachen, gehen	bunt, schön

A3 16 Punkte

Heute fiel die Schule aus, weil es eine Unwetterwarnung gab. Es hat den ganzen Tag geregnet. Der Regen war so stark, dass in unserer Straße ein Bach entstanden ist. Der Garten wurde auch komplett überschwemmt. Der Keller ist zum Glück trocken geblieben. Meine Mutter war sehr erbost über das Unwetter, weil sie im Garten frische Rosensamen gesät hatte und sie nun alle weggeschwemmt waren. Mein

Vater nahm die Katastrophe gelassen, denn er hatte seine Garage wasserdicht gemacht.

Test 50 – Die Wortarten

A1 11 Punkte

a) Verb / spielen
b) Adjektiv / langweilig
c) Substantiv / Hut
d) Adverb / oft
e) Präposition / bei
f) Partikel / „ja!"
g) Artikel / der
h) Pronomen / er
i) Interjektion / "aua!"
j) Konjunktion / dadurch
k) Numerale / drei

A2 12 Punkte

a) Nomen: Mann, Musiker, Euro
b) Artikel: Der, dem
c) Verben: gab, spielte
d) Adjektive: junge, schöne
e) Zahlwörter: zwei
f) Konjunktion: weil
g) Pronomen: er

Test 51 – Die Wortarten

A1 9 Punkte

a) Adverb = Umstandswort
b) Pronomen = Fürwort, Stellvertreter
c) Präposition = Verhältniswort
d) Konjunktion = Bindewort
e) Numerale = Zahlwort, Zahladjektiv
f) Interjektion = Empfindungswort, Ausrufewort

A2 1 Punkt

Substantive, auch Hauptwörter, Nomen oder „Nameswörter" genannt werden immer großgeschrieben.

A3 5 Punkte

a) Weil es in Strömen **regnete**, **fuhr** er heute mit dem Auto in die Stadt.
b) Tom **hat** viele Hobbies: Er **mag** es Bücher zu **lesen** und **trifft** sich gern mit Freunden.

Test 52 – Die Wortarten

A1 20 Punkte

a) laufen: v
b) Zettel: n
c) Spiel: n
d) warm: a
e) spielen: v
f) lang: a
g) Ball: n
h) Buch: n
i) schön: a
j) Hund: n
k) gelb: a
l) Schule: n
m) heiß: a
n) tief: a
o) trinken: v
p) lecker: a
q) machen: v
r) schreiben: v
s) Tisch: n
t) sitzen: v

A2 10 Punkte

a) Ein neues Auto. Artikel, Adjektiv, Nomen
b) Der Mann läuft schnell. Artikel, Nomen, Verb, Adjektiv
c) Die Frau schwimmt langsam. Artikel, Nomen, Verb, Adjektiv
d) Der Hund schläft lange. Artikel, Nomen, Verb, Adjektiv
e) Die Musik ist laut. Artikel, Nomen, Verb, Adjektiv
f) Die Sonne ist hell. Artikel, Nomen, Verb, Adjektiv
g) Mach deine Hausaufgaben. Verb, Pronomen, Nomen
h) Das Essen ist heiß. Artikel, Nomen, Verb, Adjektiv
i) Das Buch ist dick. Artikel, Nomen, Verb, Adjektiv
j) Schmeckt es dir? Verb, Pronomen

Test 53 – Die Wortarten

A1 10 Punkte

a) Klaus spielt auf dem Klavier. Verb
b) Du hast aber eine schöne Jacke. Adjektiv
c) Der Hund ist groß. Nomen
d) Das Auto fährt sehr schnell. Adjektiv
e) Wo sind meine Schuhe? Pronomen
f) Ich bin in der Schule. Präposition
g) Marie liest ein Buch. Verb
h) Pass gut auf deine Schwester auf. Nomen
i) Möchtest du diesen Pullover haben? Nomen
j) Ich bin gegen die neue Verordnung. Präposition

A2 20 Punkte

Adjektive	Verben
klein, groß, heiß, riesig, grün, dunkel, laut, lang, schnell, stark	laufen, lernen, hüpfen, rennen, sitzen, fragen, wachsen, klettern, malen, blicken

A3 6 Punkte

a) tief ➤ 6
b) Tafel ➤ 4
c) löschen ➤ 1
d) ein ➤ 5
e) im ➤ 3
f) Eins ➤ 2

Test 54 – Die Wortarten

A1 10 Punkte

a) Dein Outfit gefällt mir. Artikel
b) Heute soll es sehr warm werden. Adjektiv
c) Heute muss ich nicht zur Schule. Adverb
d) Gib dem Hund seinen Knochen. Nomen
e) Julia backt einen Kuchen. Verb
f) Er liest eine Zeitung. Artikel
g) Rote Rosen blühen im Garten. Adjektiv
h) Ich warte seit einer halben Stunde. Präposition
i) Die Flasche ist leer. Nomen
j) Bei einer Aufgabe bin ich mir nicht sicher. Präposition

Lösungen

A2 10 Punkte

a) Wir spielen ein Spiel. Pronomen, Verb, Artikel, Nomen
b) Eine schöne Blume. Artikel, Adjektiv, Nomen
c) Sie liest ein Buch. Pronomen, Verb, Artikel, Nomen
d) Die Hunde sind groß. Artikel, Nomen, Verb, Adjektiv
e) Er hat große Füße. Pronomen, Verb, Adjektiv, Nomen
f) Ich mag dich. Pronomen, Verb, Pronomen
g) Seit acht Uhr. Präposition, Numeral, Nomen
h) Er kauft ein Auto. Pronomen, Verb, Artikel, Nomen
i) Das Kind weint. Artikel, Nomen, Verb
j) Tom spielt Ball. Pronomen, Verb, Nomen

Test 55 – Die Artikel

A1 38 Punkte

Bestimmter Artikel	Unbestimmter Artikel	
das	ein	Mädchen
der	ein	Junge
die	eine	Welt
die	eine	Stadt
der	ein	Bus
der	ein	Hund
das	ein	Bett
der	ein	Schuh
der	ein	Geburtstag
das	ein	Glas
die	eine	Blume
die	eine	Pizza
der	ein	Polizeihund
der	ein	Vogel
das	ein	Eis
der	ein	Stift
das	ein	Fenster
der	ein	Ball
das	ein	Sommerkleid
das	ein	Licht

Test 56 – Die Artikel

A1 14 Punkte

a) Papa hat mir gestern **ein** neues Fahrrad gekauft.
b) **Der** Fußball, mit dem wir spielen ist rund.
c) Lina kennt **das** Lied bereits aus dem Radio auswendig.
d) Jerry ist **eine** Maus.
e) Tom ist **ein** Kater.
f) **Der** Kaffee auf dem Tisch ist sehr heiß.
g) Anna ist **die** beste Schülerin in der Klasse.
h) Daniel hat in Mathe **eine** Eins geschrieben.
i) Der Urlaub war toll.
j) Mein Vater kocht **das** leckerste Essen.
k) Heute ist **das** Wetter schön.
l) Wir schreiben morgen **einen** Test.
m) Mit **dem** Stift kann ich besser schreiben.
n) Mein Vater fährt mit **dem** Auto zur Arbeit.

A2 1 Punkte

Wörter mit einem Artikel werden immer großgeschrieben.

Test 57 – Die Artikel

A1 6 Punkte

	Männlich	Weiblich	Neutral
Bestimmter Artikel	der	die	das
Unbestimmter Artikel	ein	eine	ein

A2 24 Punkte

Ein toller Sommertag

Heute ist ein sonniger Tag. Darum geht Sonja mit der Schwester von Tobi in das Freibad um die Ecke. Das macht immer sehr viel Spaß. Wir holen uns immer ein großes Eis bei der netten Frau in dem blauen Kleid. Die Frau ist immer sehr nett zu uns. Manchmal dürfen wir uns dazu noch ein Gummitier aussuchen. Wenn das Eis aufgegessen ist, gehen wir immer schnell zurück in das kühle Wasser. Das tut bei der Wärme immer richtig gut. Die anderen Kinder kreischen vor Freude. Sonja hört ein kleines Mädchen weinen, eine Biene hat sie gestochen. Doch ein Pflaster mit süßen Tieren tröstet das Mädchen. Kurz darauf ist der Tag im Freibad schon zu Ende. Ein langer Tag im Freibad macht immer sehr müde. Abends fällt Sonja müde in das Bett. Die Träume nach so einem Tag sind immer die besten. Sonja freut sich schon auf ein nächstes Mal im Freibad.

Test 58 – Die Artikel

A1 10 Punkte

a) eine Katze   f) ein Hund
b) ein Auto   g) ein Kuchen
c) ein Buch   h) eine Kirche
d) eine Flasche   i) eine Schule
e) ein Spiegel   j) ein Affe

A2 6 Punkte

a) die Schokolade d) der Mann
b) das Haus   e) das Auto
c) die Zeitung   f) der Sommer

A3 8 Punkte

a) richtig d) richtig g) falsch
b) richtig e) falsch   h) richtig
c) falsch   f) falsch

Test 59 – Die Artikel

A1 21 Punkte

der	die	das
Stuhl	Kirche	Auto
Hund	Katze	Foto
Pinsel	Uhr	Bild
Baum	Ameise	Buch
Tee	Schere	Blatt
Bademantel	Lampe	Fahrrad
Knopf	Vogelscheuche	Wasser

A2 11 Punkte

a) ein Auto   f) eine Seife
b) eine Schule   g) eine Mappe
c) eine Mütze   h) ein Stift
d) ein Feuerwehr-   i) eine Schwester
   mann   j) ein Bruder
e) eine Suppe   k) ein Lied

Test 60 – Die Artikel

A1 7 Punkte

a) Das Auto   e) Die Kirche
b) Der Sommer   f) Die Glocke
c) Die Sonne   g) Das Handtuch
d) Der Strand

A2 13 Punkte

In **einem** Etui gibt es viele Gegenstände. Jedes Kind hat **einen** Bleistift, **eine** Schere, **einen** Füller, **einen** Klebestift und viele Buntstifte. Auch **ein** Block mit Papier darf nicht fehlen. Zum Basteln benutzt Leonie **die** rote Schere und **den** Klebestift aus ihrem Etui. Aufsätze schreibt sie mit **dem** grünen Stift auf **einem** Blatt Papier. Wenn man etwas vergessen hat, kann man immer **die** Lehrerin oder **einen** Mitschüler fragen, ob man sich **die** Gegenstände leihen darf.

A3 8 Punkte

ein	eine
Wachmann	Seite
Feuerwerk	Sanduhr
Kissen	Sonnenblume
Sonnenbrand	Dusche

Test 61 – Singular und Plural

A1 20 Punkte

a) M	f) E	k) E	p) M
b) E	g) M	l) E	q) E
c) M	h) E	m) M	r) E
d) E	i) M	n) M	s) M
e) E	j) M	o) E	t) M

A2 6 Punkte

Einzahl	Mehrzahl
der Hund	die Hunde
die Katze	die Katzen
der Fuchs	die Füchse
das Bett	die Betten
die Uhr	die Uhren
der Wecker	die Wecker

Test 62 – Singular und Plural

A1 14 Punkte

Einzahl	Mehrzahl
der Frosch	die Frösche
das Herz	die Herzen
das Küken	die Küken
der Berg	die Berge
das Tor	die Tore

der Held	die Helden
die Hose	die Hosen
der Fuß	die Füße
der Kopf	die Köpfe
das Glas	die Gläser
der Schrank	die Schränke
die Laus	die Läuse
die Mutter	die Mütter
der Hocker	die Hocker

A2 10 Punkte

Mehrzahlbildung mit -er	Kind, Haus
Mehrzahlbildung mit -en	Mensch, Bett
Mehrzahlbildung mit -s	Baby, Auto
Mehrzahlbildung mit -e	Hund, Pferd
Mehrzahlbildung mit -n	Hase, Tante

Test 63 – Singular und Plural

A1 10 Punkte

a) Die Mädchen spielen gerne Fußball.
b) Die Blumen sind schön.
c) Ich sehe die Busse schon.
d) Jan ärgert die Mädchen.
e) Sarah hat blonde Haare.
f) Die Katzen fangen Mäuse.
g) Die Häuser sind groß.
h) Pias Hosen sind blau.
i) Die Hunde gehen gerne ins Wasser.
j) Die Pizzen schmecken sehr lecker.

A2 6 Punkte

a) Eltern (P)	d) Geschwister (P)
b) Glück (S)	e) Leute (P)
c) Milch (S)	f) Liebe (S)

Test 64 – Singular und Plural

A1 5 Punkte

Singular	Plural
der Hund	die Hunde
die Katze	die Katzen
das Haus	die Häuser
die Flasche	die Flaschen
das Auto	die Autos

A2 4 Punkte

a) die Katzen
b) der Apfel
c) die Eule
d) die Gabeln

A3 5 Punkte

a) P
b) S
c) P
d) P
e) S

Test 65 – Singular und Plural

A1 5 Punkte

a) Die Autos fahren sehr schnell.
b) Mein Hund liebt die Bälle.
c) Die Busse bringen die Kinder zur Schule.
d) Ich lese die Bücher über Harry Potter.
e) Die Brüder meiner Freundin sind nett.

A2 10 Punkte

Einzahl (Singular)	Mehrzahl (Plural)
der Stift	die Blumen
die Gabel	die Hunde
das Buch	die Schulen
die Wolke	die Kerzen
der Ball	die Schuhe

Test 66 – Singular und Plural

A1 7 Punkte

Einzahl (Singular)	Mehrzahl (Plural)
das Haus	die Häuser
die Katze	die Katzen
der Bus	die Busse
das Kissen	die Kissen
der Topf	die Töpfe
die Tasche	die Taschen
der Vogel	die Vögel

A2 6 Punkte

a) die Häuser
b) die Bären
c) die Tassen
d) die Hände
e) die Teller
f) die Bücher

A3 6 Punkte

a) der Bademantel ➡ die Bademäntel
b) der Brief ➡ die Briefe
c) die Pfanne ➡ die Pfannen
d) die Uhr ➡ die Uhren
e) der Schulbus ➡ die Schulbusse
f) das Auto ➡ die Autos

Test 67 – Vokale und Konsonanten

A1 7 Punkte

a) Ente
b) Igel
c) Blumen
d) Hund
e) Sonne
f) Schule
g) Mond

A2 7 Punkte

a) kleiner
b) fahren
c) Wetter
d) Diktat
e) spiele
f) Freund
g) schwimmen

A3 4 Punkte

a) Boot
b) Rose
c) Löwe
d) Schnee

Test 68 – Vokale und Konsonanten

A1 6 Punkte

a) Samstag
b) Woche, Zoo
c) Raupe, Schmetterling
d) Schule, Bücher
e) Mein, Pizza
f) male, Bilder

A2 8 Punkte

Vokal: Eichhörnchen, Ostern, Igel
Konsonant: Bett, Wald, Schulbuch, Raupe, Hund

A3 4 Punkte

a) Pizza
b) Hirsch
c) Stift
d) Buch

Test 69 – Vokale und Konsonanten

A1 10 Punkte

a) Brötchen
b) Hund
c) Schule
d) Sommer
e) Wasser
f) Stift
g) Katze
h) Bäcker
i) Winter
j) Fische

A2 5 Punkte

1. Wortpaar: **a)** und **h)**
2. Wortpaar: **b)** und **g)**
3. Wortpaar: **c)** und **f)**
4. Wortpaar: **d)** und **i)**
5. Wortpaar: **e)** und **j)**

A3 8 Punkte

	ie	ih
galopp_ren	☒	☐
r_sig	☒	☐
le_en	☐	☒
schw_rig	☒	☐
Re_e	☐	☒
verz_hen	☒	☐
B_ne	☒	☐
Zw_bel	☒	☐

Test 70 – Vokale und Konsonanten

A1 5 Punkte

a, e, i, o, u

A2 12 Punkte

ä: Räder, Schränke
ö: Söhne, Töne
ü: Früchte, kürzen

A3 8 Punkte

a) ai: der Mais, das Waisenkind
b) ei: das Kleid, heiß
c) äu: die Häuser, die Träume
d) eu: die Eule, leuchten

Test 71 – Vokale und Konsonanten

A1 20 Punkte

a) regnen
b) haufenweise
c) die Riffe
d) rütteln
e) die Kuhmilch
f) das Geschirr
g) buddeln
h) der Kanon
i) die Lippe
j) das Papier
k) summen
l) die Robbe
m) joggen
n) bleiben
o) die Kinder
p) dünn

q) der Bart
r) der Büffel
s) die Marmelade
t) der Reiter

A2 · 10 Punkte

a) die Apfelsine
b) der Krieg
c) das Kino
d) die Primel
e) lieb
f) das Augenlid
g) die Lieder
h) die Margarine
i) tief
j) die Bienen

A3 · 8 Punkte

a) Der Sommer neigt sich dem Ende zu und der Herbst beginnt.
b) Wenn es nicht regnen würde, würde ich jetzt draußen mit dem Ball spielen.
c) Der Bus hatte Verspätung.
d) Mein Hund trägt ein rotes Halsband.
e) Der beste Freund von Paula hatte eine Erkältung.
f) Die Blumen haben Knospen bekommen.
g) England hat eine Königin.
h) Das Krankenhaus war überfüllt von kranken Menschen.

Test 72 – Vokale und Konsonanten

A1 · 1 Punkt

a)

A2 · 6 Punkte

a) grob
b) der Dieb
c) herb
d) das Laub
e) Prinzip
f) der Raub

A3 · 6 Punkte

a) und
b) die Hand
c) blind
d) der Wald
e) der Rand
f) der Hut

Test 73 – Die Pronomen

A1 · 12 Punkte

Personal-pronomen	Possessiv-pronomen	Reflexiv-pronomen
ich	mein	mir/mich
du	dein	dir/dich
er	sein	sich
sie	ihr	sich
es	sein	sich
wir	unser	uns
ihr	euer	euch
sie	ihr	sich

A2 · 12 Punkte

a) sein, er, es, sich
b) du, meinen, der
c) er, ihr
d) ich, mich
e) Dieser

A3 · 8 Punkte

a) Er dankt ihnen.
b) Er liest es.
c) Sie heiratet ihn.
d) Sie haben mir heute geholfen.
e) Er geht spazieren.

Test 74 – Die Pronomen

A1 · 11 Punkte

a) Possessiv
b) Reflexiv
c) Demonstrativ
d) Relativ
e) Personal
f) Relativ
g) Personal
h) Possessiv
i) Reflexiv

A2 · 10 Punkte

a) er – wir
b) diese
c) der
d) mir – dich
e) welches
f) mein – euer
g) jener

A3   7 Punkte

a) Ich   d) es   g) die
b) mir   e) sich
c) unseren   f) den

Test 75 – Die Pronomen

A1   6 Punkte

a) Personalpronomen
b) Demonstrativpronomen
c) Possessivpronomen
d) Reflexivpronomen
e) Interrogativpronomen
f) Relativpronomen

A2   7 Punkte

a) ihre   d) der   g) Diesen
b) ihm   e) wem   h) der
c) diese   f) mir

A3   8 Punkte

a) Personalpronomen
b) Demonstrativpronomen
c) Demonstrativpronomen
d) Reflexivpronomen
e) Possessivpronomen
f) Interrogativpronomen
g) Relativpronomen
h) Demonstrativpronomen

Test 76 – Die Pronomen

A1   8 Punkte

a) er   e) du
b) sie (Mehrzahl)   f) ich
c) ihr   g) es
d) wir   h) sie (Einzahl)

A2   8 Punkte

a) dein   d) unsere   g) eure
b) mein   e) deiner   h) ihre
c) eure   f) seine

Test 77 – Die Pronomen

A1   8 Punkte

a) Personalpronomen
b) kein Personalpronomen
c) Personalpronomen
d) Personalpronomen
e) Personalpronomen
f) kein Personalpronomen
g) Personalpronomen
h) Personalpronomen

A2   6 Punkte

a) sich   d) sich
b) dir   e) mir
c) ihr   f) uns

A3   6 Punkte

a) diesen   d) diese
b) dieses   e) derjenige
c) dasselbe, dieses

Test 78 – Die Pronomen

A1   6 Punkte

a) Er   d) Ich
b) Sie (Mehrzahl)   e) Du
c) Wir   f) ihr

A2   5 Punkte

a) sein   d) deine
b) ihre   e) unser
c) meine

A3   5 Punkte

a) mir   d) euch
b) sich   e) sich
c) dir

Test 79 – Konjunktionen

A 1 5 Punkte

a) Meine Oma schenkt mir eine Tüte Gummibärchen, dabei mag ich Schokolade viel lieber.
b) Ich gehe gerne ins Freibad, wenn es heiß ist.
c) Ich schreibe viel bessere Noten, seit ich jeden Tag übe.
d) Ich übe jeden Tag Gitarre, damit ich beim Konzert mitspielen darf.
e) Je mehr ich mich anstrenge, desto besser werde ich.

A 2 4 Punkte

a) weil
b) während
c) obwohl
d) wenn

A 3 12 Punkte

a) Ich gehe in den Garten, weil die Sonne scheint.
b) Ich spiele mit meinem Freund, nachdem ich meine Hausaufgaben fertig habe.
c) Ich habe morgen Geburtstag, deshalb backt meine Mama einen Kuchen.
d) Ich baue die neue Eisenbahn auf, damit Felix und ich toll spielen können.
e) Es regnet, trotzdem gehe ich in den Garten.
f) Er arbeitet viel, sodass er müde ist.
g) Wir gehen Schlittenfahren, falls es schneit.

Test 80 – Konjunktionen

A 1 6 Punkte

Kiel, den 05.02.2017

Hallo Leute,
wir freuen uns sehr, **dass** eure Klasse mit uns Briefe wechseln möchte, **deshalb** schreiben wir euch sehr gern.
Obwohl die Schule manchmal sehr lange ist, bleibt noch ausreichend Zeit für Hobbys und andere Freizeitbeschäftigungen.
Die meisten Kinder gehen nach dem Unterricht **entweder** nach Hause **oder** bleiben in der Übermittagsbetreuung. Wir haben verschiedene Hobbys: Manche spielen **nicht nur** in einem Fußballverein, **sondern auch** in einem Musikverein ein Instrument. Wir fahren auch Fahrrad, **weil** es bei uns in der Stadt gute Fahrradwege gibt. Außerdem gibt es in unserer Stadt ein Kulturhaus, **wo** es viele Möglichkeiten zur Freizeitbeschäftigung gibt. In der Woche verabreden sich viele mit ihren Freunden **und** am Wochenende wird etwas mit der Familie unternommen.
Und wie ist es bei euch? Schreibt uns bitte über eure Freizeit!
Liebe Grüße
Die Klasse 4 c

A 2 10 Punkte

Lösungshinweis: Es kann mehrere richtige Möglichkeiten geben! Wichtig ist die Anwendung einer sinnvollen bzw. passenden Konjunktion und ebenso der mit der Konjunktion einhergehende Satzbau (HS oder NS).

a) Ich ziehe meine Turnschuhe an, wenn ich zum Sport gehe.
b) Ameisen sind sehr starke Tiere, obwohl sie sehr klein sind.
c) Ich esse gerne Schokolade, weil sie mir gut schmeckt.
d) Ich schreibe viel bessere Noten, seit ich jeden Tag übe.
e) Ich baue meine neue Eisenbahn auf, damit Felix und ich toll spielen können.

Test 81 – Konjunktionen

A1 11 Punkte

Lösungshinweis: Ggf. können andere Vorschläge akzeptiert werden, allerdings muss dies mit dem Satzbau kompatibel sein.

a) Habe ich dich schon gefragt, <u>ob</u> du am Traumschulen-Wettbewerb teilnimmst?

b) Wir brauchen nicht nur die Ideen der Erwachsenen, <u>sondern</u> besonders eure Ideen, <u>denn</u> schließlich geht es um eure Schule.

c) <u>Bevor</u> ihr eure Ideen aufschreibt, besprecht sie am besten mit euren Eltern, um herauszufinden, <u>ob</u> sie machbar sind.

d) Wir haben schon eine Menge gute Ideen bekommen, <u>seit</u> wir mit unserem Aufruf begonnen haben.

e) Eigentlich braucht ihr nur ein bisschen Fantasie, <u>damit</u> ihr am Wettbewerb teilnehmen könnt.

f) Wusstet ihr auch, <u>dass</u> man einen Preis gewinnen kann?

g) <u>Obwohl</u> die Teilnahme am Wettbewerb viel Arbeit ist, kann es sicher auch viel Spaß machen.

h) Überlegt euch eure Ideen gut, <u>aber</u> wartet nicht zu lange, <u>denn</u> der Einsendeschluss ist schon am nächsten Montag.

A2 5 Punkte

Hauptsatz: Das Verb steht im Satz direkt nach der Person
Nebensatz: Das Verb steht im Satz an letzter Stelle

	N	U
Wir gehen zu Fuß, denn der Bus ist schon abgefahren.	☒	☐
Kai hat einen Bleistift und einen Anspitzer.	☒	☐
Ich weiß, dass Dortmund gestern verloren hat.	☐	☒

Ich mag ihn, aber ich werde ihn nicht zu meinem Geburtstag einladen.	☒	☐
Wasch dir die Hände, bevor du etwas isst.	☐	☒
Steffen war das nicht, sondern Udo hat das kaputt gemacht.	☒	☐
Sie war erst 20, als sie geheiratet hat.	☐	☒
Ich kündige, weil ich einen besseren Job gefunden habe.	☐	☒
Ich kündige, denn ich habe einen besseren Job gefunden.	☒	☐
Sie möchte Ärztin werden, jedoch sind ihre Schulnoten nicht gut genug.	☒	☐

Test 82 – Konjunktionen

A1 3 Punkte

a) Tim spielt mit dem Ball **und** Tina spielt mit dem Seil.

b) Der Hund bellt **und** die Katze miaut.

c) Die Klingel läutet **und** die Schule beginnt.

A2 4 Punkte

a) Tina mag nicht nur Hunde, **sondern auch** Katzen.

b) Wollen wir ins Kino **oder** schwimmen gehen?

c) Sport ist gut für den Körper, **weil** man sich danach besser fühlt.

d) Sina steht nicht auf, **obwohl** der Wecker klingelt.

A3 5 Punkte

1) d), 2) c), 3) a), 4) b), 5) e)

Test 83 – Konjunktionen

A1 6 Punkte

a) Nina hat dieses Jahr viel für ihre Arbeit gelernt, **weil** sie eine gute Note haben will.

b) Die Feuerwehr kommt, **um** das Feuer zu löschen.

c) Du musst dich entscheiden: Möchtest du lange **oder** kurze Haare haben?

d) Die Schule ist aus **und** die Kinder gehen nach Hause.

e) **Entweder** wir gehen heute früh schlafen **oder** wir schlafen morgen lange.

f) Tom ist gut in Mathe, **aber** schlecht in Deutsch.

A2 6 Punkte

a) In meinem Etui sind ein Bleistift **und** ein Radiergummi.

b) Gina ist sehr enttäuscht, **weil** das Ende des Films nicht gut war.

c) Die Straße wird wieder aufgeräumt, **nachdem** der Sturm sich gelegt hat.

d) Die Menschen haben gute Laune, **weil/denn** die Sonne scheint.

e) Entweder der Müll wird entleert, **oder** er wird zu voll.

f) Tom ist nicht nur interessiert in Tiere, **sondern auch** in Pflanzen.

A3 3 Punkte

a) Die Sonne scheint **und** Die Blumen blühen.

b) Meine Hände sind rau, **obwohl** ich sie jeden Tag eincreme.

c) Marc liest das Buch an einem Tag, **obwohl** es ein schlechtes Buch ist.

Test 84 – Konjunktionen

A1 9 Punkte

a) Die Hausaufgaben haben lange gedauert, **weil** es viele Aufgaben waren.

b) Das Licht geht aus **und** es ist dunkel.

c) Der Hund bellt, **obwohl** es keinen Grund gibt.

d) Diese Idee hat **sowohl** viele Vorteile **als auch** Nachteile, die beachtet werden müssen.

e) Du musst bedenken, dass ein Hund **zwar** viel Dreck macht, **aber** dafür auch viel Liebe schenkt.

f) Tina muss sich entscheiden, ob sie grüne **oder** rote Schuhe will.

g) **Entweder** die Sonne scheint heute, **oder** es regnet den ganzen Tag.

h) Ich gehe montags, dienstags **und** freitags arbeiten.

i) **Weil** ich genug Geld habe, fahre ich in den Urlaub.

A2 10 Punkte

a) nein	e) nein	i) ja
b) ja	f) ja	j) nein
c) ja	g) ja	
d) nein	h) nein	

A3 2 Punkte

a) Ich gehe nur zur Schule, **weil** ich dort meine Freunde sehe.

b) **Entweder** Tim bekommt seinen Willen, **oder** er wird sauer.

Test 85 – Zeitformen des Verbs

A1 7 Punkte

a) ☒ Infinitiv

b) ☒ Präteritum   ☒ Perfekt   ☒ Präsens   ☒ Futur

c) ☒ stark und schwach

d) ☒ Perfekt (Zukunft)

A2 8 Punkte

a) Perfekt
b) Futur I
c) Präteritum
d) Präsens

e) Präteritum
f) Futur I
g) Präsens
h) Perfekt

A3 8 Punkte

a) Ich schlafe.
b) Wir haben gelacht.
c) Du bist gelaufen.
d) Man wird denken.
e) Verena weinte.
f) Du lügst.
g) Sie werden glauben.
h) Wir gewannen.

Test 86 – Zeitformen des Verbs

A1 11 Punkte

Gestern hatte ich Geburtstag. Meine Oma und mein Opa kamen zu Besuch. Sie gaben mir meine Geschenke, über die ich mich sehr gefreut habe. Anschließend aßen wir gemeinsam mit meiner Mama, meinem Papa und meinen beiden Geschwistern Kuchen. Das war schön!
Heute werden mich alle meine Freunde besuchen. Bestimmt wird Laura wieder beim Topfschlagen gewinnen! Sie ist so gut! Schade, dass du keine Zeit hattest. Nächstes Mal wirst du bestimmt dabei sein!

A2 8 Punkte

a) lügen
b) trinken
c) küssen
d) kennen

e) riechen
f) gießen
g) schießen
h) sein

A3 9 Punkte

Alexandra war enttäuscht. Sie hatte sich ihre Sommerferien anders vorgestellt, doch sie hatte sich beim Volleyball verletzt. Während der letzten Schultage plante sie mit ihrer Freundin Wiebke einen gemeinsamen Strandurlaub an der Nordsee. Sie wollten direkt an die Küste. Auch Schwimmen war geplant. Dort gab es sogar einen Fahrradverleih. Nun wusste sie aber, dass es mit ihrer Knieverletzung nicht möglich war.

Test 87 – Zeitformen des Verbs

A1 16 Punkte

a) 3. Person, Singular, Präteritum, schauen
b) 2. Person, Singular, Perfekt, sitzen
c) 2. Person, Plural, Futur, beten
d) 3. Person, Singular, Präteritum, stehlen

A2 6 Punkte

a) Sie gingen
b) Ich schlafe
c) Du wirst wandern
d) Wir haben gehabt
e) Sie lacht
f) Ihr hattet gegriffen

A3 9 Punkte

a) Präteritum: Das Schiff brach in tausend Einzelteile
Plusquamperfekt: Das Schiff war in tausend Einzelteile gebrochen
Futur I: Das Schiff wird in tausend Einzelteile brechen
b) Präteritum: Mirja warf mir den blauen Ball zu
Plusquamperfekt: Mirja hatte mir den blauen Ball zugeworfen
Futur I: Mirja wird mir den blauen Ball zuwerfen
c) Präteritum: Das Eis schmolz in der brennenden Sonne
Plusquamperfekt: Das Eis war in der brennenden Sonne geschmolzen
Futur I: Das Eis wird in der brennenden Sonne schmelzen.

Test 88 – Zeitformen des Verbs

A1 6 Punkte

a) ich

b) sie

c) du

d) ihr

e) wir

f) er, sie, es

A2 15 Punkte

	Präsens	Präteritum	Perfekt
Ich	tanze	tanzte	habe getanzt
Du	tanzt	tanztest	hast getanzt
Er, Sie, Es	tanzt	tanzte	hat getanzt
Wir	tanzen	tanzten	haben getanzt
Ihr	tanzt	tanztet	habt getanzt
Sie	tanzen	tanzten	haben getanzt

A3 17 Punkte

	Präsens	Präteritum	Perfekt
Ich	rufe	rief	habe gerufen
Du	rufst	riefst	hast gerufen
Er, Sie, Es	ruft	rief	hat gerufen
Wir	rufen	riefen	haben gerufen
Ihr	ruft	rieft	habt gerufen
Sie	rufen	riefen	haben gerufen

Test 89 – Zeitformen des Verbs

A1 7 Punkte

Es war ein schöner Sommertag im Juni. Deshalb **ging ich** zum Badesee. Dort warteten meine Freunde. **Sie aßen** gerade ein Eis. **Ich holte** mir auch eins. Als wir fertig waren **spielten wir** mit dem Fußball. Die anderen gingen ins Wasser. Hinter uns saß der Bademeister. **Er hatte** eine rote Badehose an. Auch meine Eltern und die von meinem Freund Paul **kamen** zum Badesee. Wir hatten alle viel Spaß und die Sonne **schien** die ganze Zeit.

A2 18 Punkte

	Präsens	Präteritum	Perfekt
1. Pers. Singular	Ich lese.	Ich las.	Ich habe gelesen.
2. Pers. Singular	Du liest.	Du last.	Du hast gelesen.
3. Pers. Singular	Er/Sie/Es liest.	Er/Sie/Es lasen.	Er/Sie/Es hat gelesen.
1. Pers. Plural	Wir lesen.	Wir lasen.	Wir haben gelesen.
2. Pers. Plural	Ihr lest.	Ihr last.	Ihr habt gelesen.
3. Pers. Plural	Sie lesen.	Sie lasen.	Sie haben gelesen.

A3 7 Punkte

a) Ich trug.

b) Sie warfen.

c) Ihr schriebt.

d) Wir hofften.

e) Sie tasteten.

f) Er/Sie/Es kletterte.

g) Wir planten.

Test 90 – Zeitformen des Verbs

A1 14 Punkte

a) Perfekt
b) Präsens
c) Perfekt
d) Präteritum
e) Perfekt
f) Präsens
g) Präsens
h) Präteritum
i) Präteritum
j) Perfekt
k) Präsens
l) Präteritum
m) Perfekt
n) Präsens

A2 5 Punkte

a) bin
b) leuchtet
c) haben
d) aß
e) hat
f) ist

Test 91 – Die vier Fälle der Nomen

A1 4 Punkte

1) Nominativ
2) Genitiv
3) Dativ
4) Akkusativ

A1 4 Punkte

a) Akkusativ: Wen? Was?
b) Nominativ: Wer? Was?
c) Genitiv: Wessen?
d) Dativ: Wem?

A2 10 Punkte

a) Was hat die Schlue? – Akkusativ
b) Wem beantworte ich gerne alle Fragen? – Dativ
c) Wessen Gesang stört die ganze Schule? – Genitiv
d) Wer hat uns heute keine Hausaufgaben aufgegeben? – Nominativ
e) Wer parkt seinen Wagen immer in der ersten Reihe? Nominativ

Test 92 – Die vier Fälle der Nomen

A1 8 Punkte

a) Wer? Nominativ
b) Wessen? Genitiv
c) Was? Akkusativ
d) Wem? Dativ

A2 8 Punkte

a) Das Haus der Großeltern ist sehr altmodisch, aber schön eingerichtet.
b) Laura geht mit ihrem Freund durch den Wald spazieren.
c) Die Kinder treffen sich gerne auf dem Spielplatz neben der Rutsche.
d) Mit dem neuen Auto fährt es sich besonders gut.
e) Die Mutter des Kindes arbeitete in einer großen Firma.
f) Die Schüler trafen sich auf dem Schulhof.
g) Luis traf sich in der Eisdiele mit seiner neuen Freundin.
h) Anna denkt an ihn.

Test 93 – Die vier Fälle der Nomen

A1 4 Punkte

a) Nominativ: Hund
b) Genitiv: Förster
c) Dativ: Herrchen
d) Akkusativ: Wald

A2 9 Punkte

a) Art: Genitiv, Freunde: Akkusativ
b) Krähen: Nominativ, Hausdach: Dativ
c) Mädchen: Nominativ Große: Nominativ
d) Trauergemeinde: Nominativ, Schwester: Genitiv, Pfarrers: Genitiv

A3 1 Punkt

Der Mann gedenkt seines alten Freundes.

Lösungen

Test 94 – Die Satzglieder

A1 8 Punkte

a) Subjekt: Mein Vater, Prädikat: fährt
b) Subjekt: Oma, Prädikat: backt
c) Subjekt: Tom, Prädikat: geht
d) Subjekt: Ich, Prädikat: kaufe

A2 5 Punkte

a) gehe shoppen
b) ziehen um
c) gehen
d) fahren
e) setze hin

A3 5 Punkte

a) Subjekt
b) Akkusativobjekt
c) Dativobjekt
d) Akkusativobjekt
e) Adverbiale Bestimmung der Zeit

Test 95 – Die Satzglieder

A1 3 Punkte

a) Fahren wir jedes Jahr mit dem Auto in den Urlaub?
b) Müssen Frieda und ihre Geschwister morgen Abend früh ins Bett gehen?
c) Müssen die Äpfel dunkelrot sein, bevor man sie essen kann?

A2 4 Punkte

a) Der Polizist ➡ Subjekt
   überreichte ➡ Prädikat
b) dem Zeugen ➡ Dativobjekt
   ein Formular ➡ Akkusativobjekt

A3 5 Punkte

Jährlich macht die Klasse 5 b einen Ausflug in den Tierpark.

Test 96 – Die Satzglieder

A1 5 Punkte

a) Meine Mutter und ihre Freundinnen
b) meine Schwester und ich
c) die Milch
d) wir
e) die blonden Haare

A2 6 Punkte

Nach der Stunde übergaben die Schüler der Lehrerin im Klassenraum ein Geschenk.

A3 10 Punkte

a) Das gelbe T-Shirt ➡ Akkusativobjekt
   mögen ➡ Prädikat
   Mia und ihre Freundin ➡ Subjekt
b) Die Reise nach Rom ➡ Subjekt
   gefiel ➡ Prädikat
   den Beiden ➡ Dativobjekt
c) Morgen Abend ➡ adverbiale Bestimmung der Zeit
   werden fahren ➡ Prädikat
   wir ➡ Subjekt
   ins Kino ➡ adverbiale Bestimmung des Ortes

Lösungen

Test 97 – Einen Wortschatz erarbeiten

A1 8 Punkte

6., 8., 7., 4., 3., 1., 2., 5.

A2 8 Punkte

Lösungshinweis: Mehrfachlösung möglich!

So rufe ich beim Zahnarzt an und mache einen Termin

Als Erstes schaue ich im Telefonbuch nach, welche Nummer mein Zahnarzt hat. **Anschließend** wähle ich die Rufnummer. **Dann** warte ich, bis sich jemand meldet. **Im Anschluss daran** nenne ich meinen Namen und sage, dass ich einen Termin ausmachen möchte. **Darauf** schlägt die Sprechstundenhilfe einen Termin vor. **Jetzt** schaue ich in meinem Kalender nach, ob ich an dem Termin Zeit habe. **Schließlich** sage ich den Termin zu. **Zu guter Letzt** verabschiede ich mich und lege auf.

Test 98 – Einen Wortschatz erarbeiten

A1 17 Punkte

Kennst du ... die Miniknirpse?

Nur wenige Menschen haben diese **putzmunteren, federleichten** Kerlchen je zu Gesicht bekommen. Wenn du sie **hautnah** erleben willst, musst du **meilenweit, schnurgerade** nach Süden wandern. Dann kommst du in einen **wunderschönen** Märchenwald. Dort leben die **bildhübschen** Miniknirpse in **windschiefen** Holzhäuschen. Sie fühlen sich hier **pudelwohl** und leben **kerngesund**. Denn sie ernähren sich von **zuckersüßen** Honig und **butterweichen** Aprikosen. Die Knirpse sind nicht **steinreich**, aber **bettelarm** ist auch keiner von ihnen. Sie sind **herzensgut** zueinander. Nur wenn jemand ihre Ruhe stört, werden sie **stocksauer** und **rotzfrech**.

A2 6 Punkte

a) das Frühstück **zubereiten**
b) jemanden eine Freude **bereiten**
c) einen Kuchen **backen**
d) sich die Haare **kämmen**
e) die Tür **öffnen**
f) einen Ausflug **unternehmen**

A3 3 Punkte

a) Tiere   b) Möbel   c) Gemüse

Test 99 – Einen Wortschatz erarbeiten

A1 12 Punkte

Donnerwetter!

Es **geschah** an einem Samstag im vorigen Sommer. Mein Vater **arbeitete** an diesem Nachmittag in der Gartenwerkstatt. Meine Mutter **sonnte sich** auf unserer Terrasse und ich **spielte** direkt daneben mit meiner Eisenbahn. Die Sonne **schien** an diesem Tag besonders heiß und es **lag** eine drückende Hitze in der Luft. Nach einiger Zeit **erschienen** schwarze Wolken am Himmel und die Sonne **verschwand** dahinter. Plötzlich **tobte** auch ein Sturm über uns. Im Nu **versteckten sich** alle im Haus. Als wir drinnen am Fenster **standen**, erschrak ich jedes Mal, wenn am dunklen Himmel grelle Blitze **zuckten**.

A2 5 Punkte

Lösungshinweis: Mehrfachlösung möglich.

a) das Frühstück zubereiten
b) einen Kuchen backen
c) die Augen schließen
d) die Tür öffnen
e) einen Ausflug unternehmen

A3 5 Punkte

a) Vogelarten
b) Kleidung
c) Getränke
d) Sportarten
e) Geschirr

Test 100 – Passende Überschriften finden

A1 5 Punkte

a) falsch   d) falsch
b) wahr   e) falsch
c) wahr

A2 6 Punkte

a) Z   d) G
b) Z   e) Z
c) G   f) G

A3 2 Punkte

Eine unruhige Nacht

Test 101 – Passende Überschriften finden

A1 7 Punkte

a) 3   d) 7   g) 4
b) 6   e) 5
c) 1   f) 2

A2 5 Punkte

4. Das Ausmaß, 3. Das lodernde Feuer, 1. Der achtlose Fahrer, 5. Der Löschzug, 2. Der auslösende Funke

Test 102 – Passende Überschriften finden

A1 6 Punkte

5. Die Strafe, 1. Der Einkauf, 6. Das glückliche Ende, 3. Der Polizeieinsatz, 4. Die Spurensicherung, 2. Das demolierte Auto

A2 2 Punkte

c) ☒ Wocheneinkauf mit bösen Folgen

Test 103 – Bilder beschreiben

A1 8 Punkte

b), f), h)

A2 16 Punkte

a) Person links: kurze Haare, Jeans, Junge, braune Haare, Hemd, runder Kopf, Turnschuhe, verschränkte Arme
b) Person rechts: lange Haare, Kleid, Mädchen, braune Haare, runder Kopf, verschänkte Arme, Sandalen, angewinkeltes Bein

Test 104 – Bilder beschreiben

A1 6 Punkte

Strand, Sand, Sonne, Meer, Strandtuch, Sonnenbrille

A2 2 Punkte

a), d)

A3 9 Punkte

Strand, Strandtuch, Mitte, grün, blau, rechten, Surfbrett, Schaufel

Test 105 – Bilder beschreiben

A1 10 Punkte

1) Flagge   6) Tisch
2) großer Baum   7) Sonnenschirme
3) Sterne   8) Liegestuhl
4) offene Türen   9) gestreifetes Haus
5) Stuhl mit   10) Rucksack
   Handtuch

A2 10 Punkte

Strand, Häuser, Flagge, Sterne, Türen, Tische, Sonnenschirmen, Sonnenliege, Gestreiftes, Rucksack

Test 106 – Das Schreiben von Erzählunge

A1 3 Punkte

a), c), f)

A2 3 Punkte

a) Jede gute Erzählung braucht eine interessante Einleitung.
b) Der Höhepunkt ist der spannende Teil der Geschichte.
c) Der Schluss sollte mit wenigen Sätzen die Geschichte zusammenfassen.

A3 2 Punkte

Richtige Antworten: flüsterte, antwortete

Test 107 – Das Schreiben von Erzählunge

A1 2 Punkte

a), b)

A2 6 Punkte

Im Bastelladen
Celina: „Hallo, ich bräuchte ein paar Mappen und **Stifte**."
Verkäuferin: „Die findest du neben den Heften. Möchtest du Filz- oder Buntstifte?"
Celina: „Dankeschön! Bunte habe ich schon, ich hätte gerne **Filzstifte**. Können Sie mir nochmal zeigen, wo ich die finde?"
Verkäuferin: „**Na klar**. Folge mir!"
Celina: „**Wie viel kostet das?**"
Verkäuferin: „Das macht 5,99 €. Benötigst du eine **Tüte**?"
Celina: „Nein, Danke, ich habe einen Beutel dabei."
Verkäuferin: „Okay. Dann wünsche ich dir viel Spaß damit! **Bis bald**!"
Celina: „Auf Wiedersehen!"

Test 108 – Das Schreiben von Erzählunge

A1 7 Punkte

Jede gute Erzählung braucht eine interessante **Einleitung**. Der **Höhepunkt** ist der **spannende** Teil der Geschichte. Nachfolgende Sätze müssen einen **Sinn ergeben**. Der **Schluss** sollte mit wenigen Sätzen die Geschichte **zusammenfassen** und **abschließen**.

A2 9 Punkte

a) Es war einmal ein weißer Pinguin namens Paul, der sich versehentlich am Nordpol befand.
b) Eigentlich wollte er zu seinen Freunden zum Südpol schwimmen, aber er schwamm in die falsche Richtung.
c) Nun war er am Nordpol und auf den ersten Blick war niemand zu sehen, der ihm sagen konnte, in welche Richtung er zurückschwimmen musste.
d) Plötzlich hörte er ein Grölen.
e) Paul erschrak und schrie.
f) Nun erschrak auch der Eisbär hinter ihm, dann lachte er.
g) „Hey kleiner Mann, falls du zum Südpol willst, musst du dort entlang!" Der Eisbär zeigte mit seiner Tatze Richtung Süden.
h) „Danke, lieber Eisbär", antwortete Paul und schwamm glücklich nach Hause.
i) Seine Freunde erwarteten ihn mit ausgestreckten Flügeln. „Schön, dass du wieder da bist, Paul!"

Test 109 – Die Schreiben von Sachtexten

A1 4 Punkte

a), e), f), g)

A2 8 Punkte

Zuerst bereite alle Zutaten vor, die du brauchst. **Als Nächstes** nehme eine große Schüssel. **Anschließend** schlage zwei Eier hinein. **Daraufhin** gebe ebenfalls 125g Mehl dazu. **Nun** schütte nach und nach Milch hinzu. **Währenddessen** rühre alles zusammen bis die Masse stockig wird. **Jetzt** gebe eine Kochkelle der Masse in eine Crêpes-Pfanne. **Zum Schluss** verteile sie gleichmäßig und wende sie einmal. Fertig! **Zu guter Letzt** wünsche ich dir einen guten Appetit!

A3 4 Punkte

a) Informativ sein.
b) Sachlich ist.
c) Gegenwart sein.
d) Du- oder Man-Perspektive.

Test 110 – Die Schreiben von Sachtexten

A1 6 Punkte

a) Am Montag wird die Höchsttemperatur 23 Grad betragen, ~~die Stimmung steigt daher ins Unermessliche.~~
b) Um eine ausgewogene Mahlzeit zu kochen, benötigen Sie frisches Gemüse. ~~Dadurch fühlen Sie sich wie Superman!~~
c) ~~Plötzlich schoss der Bankräuber auf einen Polizisten.~~ Drei Geiseln konnten befreit werden.
d) Zunächst fahren Sie die Schlosstraße bis zur nächsten Kreuzung. ~~Anschließend wird Ihnen schon einfallen, wie Sie weiter nach Hause kommen!~~
e) ~~Bei dem Höhepunkt seiner Heldentat wuchsen ihm Flügel.~~ Des Weiteren benötigt man eine Versicherung.
f) ~~„Vorsicht!", schrie der Schornsteinfeger!~~ Zu ihrer eigenen Sicherheit benötigen Sie die richtige Arbeitskleidung.

A2 8 Punkte

	wahr	falsch
Ein Sachtext wird immer im Plusquamperfekt verfasst.	☐	☒
In einem Sachtext sollte man möglichst ausführlich seine eigene Meinung einbringen.	☐	☒
Kochrezepte, Bastelanleitungen und Zeitungstexte gehören zu den Sachtexten.	☒	☐
Sachtexte werden sachlich verfasst. Das bedeutet, das man nicht über seine eigene Meinung schreibt.	☒	☐
Sachtexte werden immer in der Ich-Form verfasst.	☐	☒
Märchen gehören zu den Sachtexten.	☐	☒
Der Inhalt von Sachtexten ist frei erfunden.	☐	☒
Wenn man eine Zeitung aufschlägt, findet man eine Vielzahl von Sachtexten.	☒	☐

Test 111 – Die Schreiben von Sachtexten

A1 13 Punkte

Karottenkuchen

1) Für den <u>Teig</u> benötigt man <u>Karotten</u>, braunen <u>Zucker</u>, Butter, Milch, Eier, Mehl, Haselnüsse und Backpulver.
2) Desweitern wird Frischkäse und <u>Puderzucker</u> für die Verzierung verwendet.
3) Zuerst wird die Zucker mit der <u>zimmerwarmen</u> Butter <u>schaumig</u> geschlagen.
4) Dann werden zwei Eier untergemengt.
5) In einer anderen Schüssel werden <u>Mehl</u> und Backpulver gemischt, die anschließend untergehoben werden.

6) Zu guter Letzt werden <u>geraspelte</u> Karotten und <u>gemahlene</u> Haselnüsse dem Teig hinzugefügt.
7) Nachdem man den <u>Ofen</u> vorgeheizt hat, wird der Kuchen für 20 Minuten gebacken.
8) Wenn der Kuchen <u>ausgekühlt</u> ist, können <u>Verzierungen</u> aufgetragen werden.

A1 4 Punkte

a) Karotten, Mehl, Milch, braunen Zucker, Haselnüsse, Butter, Frischkäse, Puderzucker, Eier, Backpulver
b) ☒ fehlende Mengenangaben
c) ☒ keine Angabe
d) ☒ wahr

Test 112 – Abschlusstest

A1 4 Punkte

a) 1. Satz
b) 2. Satz
c) 2. Satz
d) 1. Satz

A2 3 Punkte

a) Wir können uns sicher sein, dass wir morgen beim Sportunterricht sehr viel Spaß haben werden.
b) Das ist das Wasser, das wir auch zu Hause trinken.
c) Dieses scharfe Messer, das ist zwar nicht das Größte, aber das Beste!

A3 6 Punkte

(+ 1 P. für richtiges Kreuz. - 1 P. für falsches Kreuz)

b), c), f), h)

A4 4 Punkte

a) Unser Hund schläft lieber draußen bei den Blumen im Beet, statt in meinem Zimmer auf dem Bett.
b) Im Sommer fahren wir gerne ans Meer, im Winter mögen wir es mehr, in den Alpen Urlaub zu machen.

A5 5 Punkte

(+ 1 P. für richtiges Kreuz. - 1 P. für falsches Kreuz)

a), b), e), h), i)

A6 15 Punkte

„Wenn wir alle zusammenarbeiten, **dann** werden wir ein Meisterwerk erschaffen, **das** jeder kaufen möchte. Wir werden große Künstlerinnen, **die** von allen Lehrern gelobt werden, **weil** wir etwas Großartiges geschaffen haben **und** deshalb ausgezeichnet werden sollen, darauf wette ich**!**", motivierte Lara ihre Freundinnen**.**

A7 4 Punkte

(+ 1 P. für richtiges Kreuz. - 1 P. für falsches Kreuz)

b), c), f), h)

A8 7 Punkte

a) die Töchter
b) die Gläser
c) die Leitern
d) die Schwerter
e) die Pizzen
f) die Kakteen
g) die Theater

A9 4 Punkte

a) Nominativ
b) Genitiv
c) Dativ
d) Akkusativ

A10 3 Punkte

a) Ich ging.
b) Ihr habt gehabt.
c) Wir werden sehen.
d) Er fährt.

A11 6 Punkte

Positiv	Komparativ	Superlativ
hoch	höher	am höchsten
schnell	schneller	am schnellsten
gut	besser	am besten
gern	lieber	am liebsten

Bitte hier ausfüllen

und in der nächstgelegenen Schülerhilfe vor Ort abgeben.
Weitere Infos über die Schülerhilfe unter www.schuelerhilfe.de.

Vorname   Name

PLZ   Ort

Straße   Geburtsdatum

Telefon   E-Mail